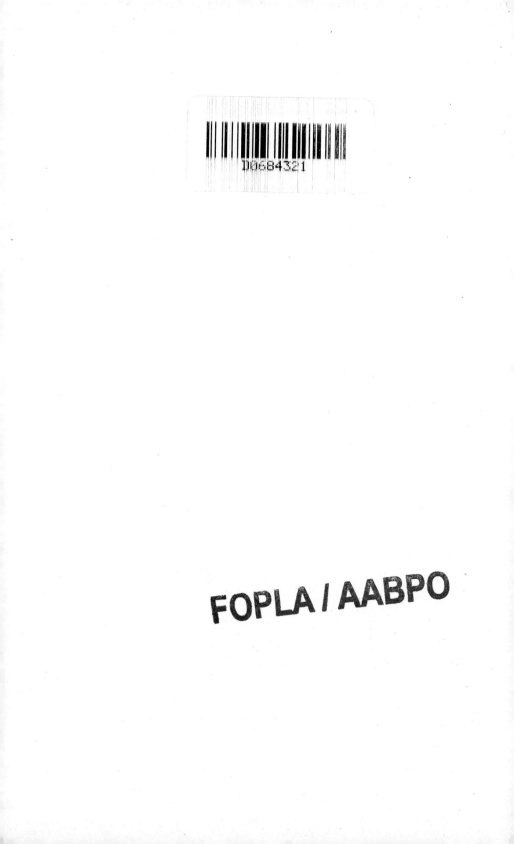

On va dans le mur...

Agnès Verdier-Molinié

On va
dans le mur...

Albin Michel

À mon époux et à mes filles

Avant-propos

Bercy. Septembre 2014. Voilà, c'est dit, le grand directeur en face de nous le reconnaît : nous allons vers 60 % de dépenses publiques par rapport à la richesse nationale et plus de 100 % de dette. Tenu par son devoir de réserve, il livre les informations au compte-gouttes. Mais le message est clair : nous fonçons dans le mur.

Il est convaincu qu'il faudrait faire 60 milliards d'économies... tous les ans ! Ce qui ne l'empêche pas de signer sans broncher les 60 jours de congés annuels de ses collaborateurs. Cela le révolte, mais le système est ainsi fait. L'administration a ses codes : pas un mot plus haut que l'autre, pas de révolte, des costumes impeccables et des chaussettes bien tirées sur les mollets.

Dans l'opposition, ce n'est pas plus glorieux. Un assistant parlementaire appelle. Il est chargé par son patron de trouver 120 milliards d'économies sur la dépense publique. La presse s'est déjà emparée de la nouvelle, les ténors du parti en parlent comme d'un fait acquis. Reste au jeune assistant, tout seul dans son bureau, à coucher sur papier les géniales propositions. Au bout de quelques heures de recherches, il est bien forcé de constater qu'il n'y a rien de plus à inventer que ce qui est déjà paru... dans la presse. Un papier de 4 000 signes pour seule feuille de route. De toute façon, pour le parti, ce n'est pas vraiment ça qui compte. Ce qui compte alors ? Dire au 20 heures qu'il faut économiser plus de 100 milliards mais tout en sachant que personne ne sait comment économiser le premier de ces milliards. Tout en sachant aussi que, quand les membres de l'opposition étaient aux manettes, ils ne l'ont pas fait. Et personne n'y croit.

« On va dans le mur », voilà ce qu'ils nous disent tous entre les lignes sans oser l'exprimer sur la place publique. Ce « on va dans le mur » chuchoté dans les couloirs, on n'en peut plus de l'entendre. Au fil des rendez-vous, les grands commis de l'État, les ministres, les anciens ministres, les entrepreneurs, les économistes, les syndicalistes nous le sortent d'un air résigné. Ce mur, rien n'est fait pour l'éviter.

Ils ont baissé les bras et leur première erreur est de croire qu'ils savent déjà tout.

Mais qui connaît le nombre de taxes en France ? Personne. Qui connaît le nombre d'élus locaux ? Qui a entendu parler du nombre de primes et de corps de l'État ? Du nombre de mandats syndicaux à la Sécurité sociale ? De la prolifération des articles du code du travail ? Des lois et des normes ? Personne.

Qui connaît, au-delà du brouhaha politico-médiatique, les vrais symptômes de notre malaise commun ? Quelques happy few, qui se tiennent par la loi du silence, entonnant l'antienne « les Français ne pourraient pas comprendre ».

Résultat, faute d'un diagnostic partagé sur des bases saines et chiffrées, nul ne peut donner le bon remède, chacun, à tour de rôle au pouvoir, se concentrant au mieux sur les manifestations du mal, sans s'attacher à le régler.

Dans tous les lieux de pouvoir, l'inquiétude est palpable. Il est d'ailleurs toujours étonnant d'entendre ministres et anciens ministres vous dire les yeux dans les yeux : « On compte sur vous pour expliquer les réformes, nous, on n'y arrive pas ! »

Le refus d'obstacle est une maladie qui se cultive aussi bien à droite qu'à gauche. Nos maîtres ès langues de bois arrivent bon gré mal gré à tromper la vigilance de la Commission européenne. « Sur le papier, avec les Français, c'est toujours parfait, au cordeau. Rien à redire. Mais, passé le discours, c'est dans l'action que cela pèche, les réformes sont victimes de l'effet peau de chagrin et les beaux chiffres ne sont jamais respectés », souffle un agent de la Commission. Mais les réformes ne doivent pas se faire en virtuel uniquement sur les programmations envoyées à la Commission. Réformer suppose plus que de la bonne communication politique, réformer suppose avant tout de connaître *vraiment* les maux de notre système et non plus de faire semblant.

Quel gâchis, alors que tout peut encore être fait pour éviter ce mur. Mais pas avec l'impréparation qui domine encore. Pas avec la peur de la réforme de fond qui anime la plupart de nos gouvernants.

Combien de fois faudra-t-il encore entendre : « Cette réforme serait indispensable mais c'est impossible. » Alors puisqu'il faut bien faire croire qu'on agit, au sommet de l'État, on empile – les taxes, les lois, les décrets, les circulaires, les communes, les métropoles, les communautés de communes, les agents, les régimes de retraite, etc. Une sorte de trouble obsessionnel compulsif généralisé. Empiler pour donner le change, pour faire oublier la montée du chômage, pour donner une illusion de réforme, par rapport à un court terme qui devient du long terme.

Et on vote à tour de bras, de l'ordre de 100 lois par an, des lois dont les effets ne sont évalués ni à l'entrée ni à la sortie ! Malgré les 50 milliards d'économies, en partie virtuels, promis à Bruxelles par la France, on sera, en 2018, à plus de 1 300 milliards de dépenses publiques. Et, en 2016, le montant de la dette atteindra le seuil fatidique de 100 % du PIB. Inutile de chercher un responsable en particulier : les gouvernements successifs l'ont été depuis quarante ans. Résultat de cette boulimie normative, un État obèse : en 2015, la France n'a jamais compté autant d'agents publics. Et, suprême paradoxe, l'État s'est éloigné de son cœur de métier régalien : la justice et la sécurité des personnes.

Pendant trente ans, on a empilé sans retenue et rien ne s'est passé. Les Français, plus dociles qu'on ne le dit, ont fait le dos rond, acceptant les dérives sans rien dire ou presque. Presque, car les pigeons, les poussins et autres bonnets rouges se sont réveillés avec la gueule de bois (fiscale). Tout le monde est maintenant d'accord (ou presque), de la gauche à la droite : simplification, flexibilité, baisse de la dépense publique, baisse des impôts. Alors, qu'est-ce qui manque pour passer à l'action ? Trois séries de freins existent et se nourrissent les uns les autres : l'accumulation des structures et des textes a produit une complexité sans précédent. Complexité qui, elle-même, multiplie les occasions d'abus et de dérives.

Il faut donc d'abord connaître les vrais chiffres. Les chiffres de l'empilement des taxes, des agents, des communes et des intercommunalités, des ambassades et des aides sociales, des mandats syndicaux... En parallèle, on ajoute 400 000 normes à 11 500 lois, sans oublier un code du travail de 1,5 kilo quand il pesait encore 500 grammes en 1985... une fiscalité qui dissuade l'investissement, 37 régimes de retraites... Et le système dérive, il dérive en nombre d'élus et en nombre de primes farfelues, en nombre d'enseignants. Et que dire du nombre d'agences publiques créées pour dissimuler les dépenses de fonctionnement ?

Regarder en face les chiffres qui nous plombent, ne plus les occulter devrait permettre ensuite de convaincre et d'accepter de mettre en place les solutions de bon sens qui parviendront à réconcilier sphères publique et privée, de renouer avec la croissance et de créer – enfin ! – des emplois. Une autre France est possible à condition de sortir de cette attitude blasée, du syndrome du : « on va dans le mur ». Accepter d'aller dans le mur, c'est accepter une France déclassée, un chômage toujours important, le déficit qui ne baisse pas et des forces vives qui ne croient plus à notre avenir commun et quittent le pays. Alors non, un autre chemin est possible[1] !

Ce livre optimiste est dédié à tous ceux qui croient encore que la France peut bouger et faire mentir les plus pessimistes. Il faut prendre le virage, collectivement, en faisant taire les Cassandre mais en ne se voilant pas la face non plus sur les obstacles à surmonter, sur les difficultés et les aggiornamentos à venir.

---

1. Voir l'annexe 1.

PREMIÈRE PARTIE

EMPILEMENT

1.

360 impôts et taxes

C'est l'histoire d'une baudruche qui se dégonfle. Une de plus. Cela devait être l'un des grands chantiers de la simplification. Rayer de la liste de notre carcan fiscal les 192 taxes les plus absurdes et inutiles, celles qui ont un rendement inférieur à 150 millions d'euros. Mais la montagne a en définitive accouché d'une souris : seules 7 taxes seront supprimées en 2015[1]. Merci pour l'effort. Conclusion : les gouvernements sont plus habiles pour créer des taxes que pour les évaluer et les éliminer.

69 milliards de prélèvements en plus depuis 2008, 46 nouvelles taxes depuis 2007, soit une moyenne de 7,5 nouvelles taxes par an : la France ne lésine pas sur l'inventivité fiscale. Un exemple parmi d'autres : en 2010, face au développement phénoménal des appels et SMS téléphoniques surtaxés pour les jeux télévisés et radiodiffusés, l'État a

---

1. Seront supprimées : la taxe sur les flippers et les Baby-foot, la taxe sur les trottoirs (recette d'environ 600 000 euros dans 30 communes), ou encore la cotisation de solidarité sur les graines oléagineuses.

décidé de s'accaparer une partie des bénéfices, et pas des moindres : 9,5 % de la facture. À la clé, plus de 2 millions d'euros de ressources supplémentaires pour la Caisse d'assurance maladie.

Qu'à cela ne tienne, ce n'est jamais qu'une taxe de plus... Bercy a dû commander un rapport à l'Inspection générale des finances (IGF) pour recenser celles qui rapportent moins de 10 millions d'euros. Il s'est alors aperçu qu'une trentaine de taxes se situaient même en deçà de 500 000 euros de rendement, à l'instar de la taxe sur les concessionnaires de mines d'or de Guyane, les films pornographiques, les sodas alcoolisés... Certaines coûtent même plus à collecter que ce qu'elles rapportent, telle la taxe sur les jeux de bars (flipper, Baby-foot, billard...) puisque les contrôleurs des douanes doivent vérifier si les vignettes sur chaque appareil – à raison de 5 euros la vignette – sont bien à jour ! Ouf, celle-là sera supprimée en 2015.

Plus insolite encore ? Depuis 1995, sachez que vous ne pouvez pas visiter sans payer les parcs nationaux, les réserves naturelles, les terrains du Conservatoire de l'espace littoral et des rivages lacustres, les sites classés et, sur demande des communes, les sites inscrits. Il s'agit de la taxe sur les navettes touristiques ou « taxe sur les passagers maritimes à destination des espaces naturels protégés » qui équivaut à 7 % du prix hors-taxe du billet aller, dans la limite de 1,57 euro par passager.

Quand le fisc prêche pour sa paroisse

Il y a aussi la taxe sur les eaux minérales, actionnée par les communes qui disposent d'une source d'eau naturelle. Elle est limitée à 0,58 euro par hectolitre pour un produit total de 19 millions d'euros par an payés par les fabricants, les exploitants de sources. Et puisque l'on parle de boisson, quid des « taxes comportementales » qui permettent de grappiller des recettes au prétexte de nous faire du bien ? Haro sur le Nutella ou encore les boissons gazeuses et énergisantes ! Autant de produits jugés nuisibles qui pèsent plus de 15 milliards d'euros en 2014. Quant à savoir s'il est efficace de renforcer l'impôt pour redresser la morale, ce n'est pas prouvé. Une étude australienne récente démontre bien le problème. Ainsi, l'introduction d'une taxe sur les corps gras (*fat tax*) au Danemark n'a pas permis de modifier de façon significative la masse corporelle des consommateurs, mais elle a indéniablement porté préjudice à l'industrie alimentaire. Résultat : elle a été supprimée après quinze mois d'application. En France elle aurait été… augmentée.

Les spécialistes expliquent aussi que lorsque l'addiction est trop forte, il devient impossible d'arbitrer vers d'autres substituts plus sains. En conséquence, la taxe manque sa cible. On observe même un phénomène où les consommateurs sont d'autant plus captifs qu'ils sont pauvres ou en état d'addiction, voire âgés. Et cette configuration est précisément la plus stable budgétairement pour l'État :

ainsi le but du projet de taxation du Nutella n'était pas tant d'encourager les Français à en manger moins que de remplir les caisses.

L'utilité de ces mesures est plus que remise en cause et, pourtant, un rapport du Sénat considère qu'il faut continuer à créer des taxes comportementales : « Son effet potentiellement pénalisant pour les ménages aux revenus les plus modestes n'invalide pas pour autant le recours par les pouvoirs publics à l'outil fiscal. » En effet, la mission avance (sans élément à l'appui) que « l'effet signal lié à la mise en œuvre de certaines taxes peut jouer un rôle essentiel sur les habitudes des consommateurs... » et que « le bruit médiatique entourant la mise en place de ces prélèvements a tendance à démultiplier l'efficacité de l'effet prix théoriquement escompté ». Finalement, quelle solution propose le Sénat ? Changer le nom de ces taxes pour adopter l'expression de « contribution de santé publique » ! Que la population soit pauvre, captive ou dépendante ne gêne nullement les législateurs qui recommandent de surcroît d'accroître la pression fiscale lorsque la baisse de consommation est constatée. La vérité, c'est que les taxes sont en réalité indispensables sitôt votées. Et c'est l'État qui, du même coup, développe une addiction particulière à ces recettes fort contestables.

Revenons sur la taxe qui a mis le feu aux poudres et fait lever une armée de bonnets rouges : l'écotaxe poids lourds. Un projet abandonné au prix fort (environ 800 millions d'euros de dédommagements prévus !) qui devait – en théorie – favoriser un transfert du fret routier vers d'autres modes de transport plus favorables à l'environnement. Mais derrière cette idée a priori simple et soutenue à la fois par la gauche et par la droite se cachait une véritable usine à gaz. Cette taxe devait faire payer les camions de plus de 3,5 tonnes utilisant le réseau routier français, non concédé (c'est-à-dire en dehors des autoroutes qui appliquent déjà un péage), soit environ 10 000 km de routes nationales et 5 000 km de routes départementales. En tout, 600 000 camions immatriculés en France et 200 000 véhicules étrangers devaient s'acquitter de cette nouvelle fiscalité. Les promoteurs de l'écotaxe faisaient miroiter les 4,5 milliards de recette que rapporte déjà une taxe équivalente, *LKW Maut*, en Allemagne. Mais ce qu'ils ont omis de préciser, c'est que, dans le cas allemand, la mise en place de cette taxe a été compensée par plusieurs mesures fiscales en faveur des transporteurs. Par ailleurs, l'impact écologique de cette écotaxe était plus qu'improbable puisque, toujours en Allemagne, le trafic routier n'a pas baissé et est resté stable.

Autre mesure aux vertus soi-disant écologiques, la contribution au Service public de l'électricité qui figure sur chaque facture d'EDF. Cette taxe représente environ 60 euros par Français et par an. Elle permet de financer les surcoûts liés aux obligations d'achat de l'électricité d'origine photovoltaïque, biomasse ou éolienne. Surcoûts qui sont énormes puisque un mégawatt/heure éolien marin coûte 200 euros à produire quand un mégawatt/heure nucléaire coûte autour de 45 euros. Résultat : le montant total de cette taxe était de 1,66 milliard d'euros en 2009 et... de 6,2 milliards d'euros en 2014. On prévoit encore une augmentation dans les prochaines années pour financer la transition énergétique, c'est-à-dire la réduction annoncée de la production d'énergie nucléaire dont le coût prévisionnel est de 30 milliards d'euros.

Inconnu à cette adresse

Empilement toujours. L'échange est surréaliste : nous venons de demander à la Cour des comptes et à Bercy combien il y a d'impôts et taxes en France. Et voici la réponse : « Je crains que la liste exhaustive n'existe pas. » La France est championne des taxes, impôts et cotisations, mais il n'existe pas de liste exhaustive ! Explication : « Pour ce qui concerne la liste des prélèvements obligatoires, vous en trouverez une à la fin du rapport économique, social et financier annexé au projet de loi de finances avec leur rendement. » En clair : les statisticiens ne veulent pas s'embarrasser avec les très petits impôts, il y a donc des regroupements en « autres recettes diverses », ce qui est pour le moins flou. Par ailleurs, cette multiplicité des « taxes diverses » a également un effet pervers : lorsqu'elles sont trop émiettées, on les contrôle mal ; certaines tombent en déshérence et on se préoccupe finalement assez peu de leur rendement, ce qui pousse, contre toute attente, à leur multiplication. Après un travail de recherche approfondi, le verdict est clair : ce sont en réalité 360 taxes et impôts divers qui nous tombent dessus chaque année[1], contre 72 au Royaume-Uni par exemple !

Pas étonnant dans ce contexte que, s'agissant des entreprises, le poids des charges soit beaucoup plus important en France qu'ailleurs en Europe : 42,8 % du salaire brut des employés, contre 21 % en Allemagne et 13,3 % au Royaume-Uni. Au-delà du coût du travail, la compétitivité de nos entreprises est plombée par une cascade de petites taxes qui viennent peser sur les coûts de production (la contribution économique territoriale, la cotisation sur la valeur ajoutée des entreprises, l'imposition forfaitaire sur les entreprises de réseaux, la taxe sur les activités polluantes...). Résultat : il existe 153 taxes – 153 ! – pesant 72 milliards d'euros par an sur les entreprises de France lorsque l'Allemagne n'en compte que 55. Pas étonnant alors que les entreprises paient 39 % des prélèvements obligatoires en France[2], soit 10 points de plus que la moyenne de l'Union européenne.

Les créateurs de taxes les plus actifs en la matière ? Ce sont, de loin, les collectivités territoriales qui détiennent 41 dispositifs fiscaux en direction des entreprises (pour 4,2 milliards d'euros de recettes), suivies du secteur social avec 25 dispositifs (pour 10,3 milliards d'euros) et de l'environnement avec 9 dispositifs (pour 2,7 milliards d'euros). Ceci doit d'ailleurs conduire à s'interroger, une nouvelle

---

1. Voir la liste exhaustive en annexe 2.
2. Cour des comptes, « Les prélèvements obligatoires des entreprises dans une économie globalisée », octobre 2009, p. 6.

fois, sur le coût de la collecte puisque 82 dispositifs récoltent chacun un montant annuel inférieur à 30 millions d'euros. Une solution partielle pourrait consister à supprimer les financements peu productifs (37 taxes de moins de 10 millions d'euros) et à les basculer au niveau de l'impôt sur les sociétés. Mais, en procédant ainsi, l'État devrait s'aligner sur les cycles économiques des entreprises alors qu'il cherche avant tout des recettes stables.

Des niches à tout-va

L'Inspection générale des finances a rendu public un rapport de 6 000 pages qui étudie les 470 niches fiscales et 68 niches sociales en France. À titre de comparaison, on ne compte « que » 85 niches en Allemagne. Rappelons que les Britanniques ont supprimé nombre de celles-ci, jugées inutiles ou inefficientes, mais ont parallèlement très fortement renforcé celles qui pouvaient contribuer à la création d'entreprises et d'emplois. Depuis 2010, le taux d'impôt sur les sociétés a été baissé de 28 % à 24 % ; en avril 2015, il sera encore réduit à 20 %, quand nous sommes en France à un maximum de 38 %. Cela en fera le taux le plus faible des pays du G 20. Le Royaume-Uni se fixe également pour objectif de simplifier et stabiliser la fiscalité, tandis qu'en France, les ministères ont détourné les financements des politiques publiques par l'intermédiaire des exonérations en tout genre – ce qu'on appelle les dépenses fiscales –, tout en laissant filer le déficit et en gardant des taux d'impôts élevés. Tout cela joue clairement contre notre compétitivité.

Autre problème : face à ces taxes en tout genre, il est devenu impossible pour les contribuables (entreprises et ménages) de s'y retrouver. Conscient de ce souci, Bercy a voulu tester sa « Notice pour vous aider à remplir votre déclaration des revenus » sur un échantillon de CSP++ et d'agents du ministère. Le document explicatif de 32 pages est à télécharger sur le site web des impôts, mais ne vous fatiguez pas, le constat est sans appel : seuls les agents de Bercy sont capables de le comprendre et presque aucun CSP++ ne peut identifier les niches et crédits d'impôts auxquels il a droit. Et pourtant, certains peuvent toucher jusqu'à 15 % de réduction d'impôt. Un conseil à retenir : cochez le maximum de cases possible de votre déclaration, vous trouverez forcément des niches auxquelles vous aurez droit !

Ne serait-ce que dans l'immobilier, les taxes pèsent déjà lourd sur les particuliers : le cabinet Fidal a simulé l'achat d'un bien immobilier de 200 000 euros et sa détention sur une durée de dix ans. Pour un acheteur en France, les taxes et impositions s'élèvent à 56 % du prix d'acquisition – 56 % – contre une moyenne de 20 % ailleurs en Europe. Cette pression fiscale, plus connue sous le nom de « ras-le-bol fiscal », chaque Français en a conscience. Conséquence : en 2013, contrairement aux prévisions de Bercy, ce sont plus de 15 milliards qui ne sont pas rentrés dans les caisses publiques. Il est alors légitime de s'interroger : sommes-nous face à un effet Laffer[1] de grande ampleur (c'est-à-dire une réduction volontaire de l'activité pour cause de pression fiscale) ? La réponse serait plutôt oui puisque les exemples se multiplient d'assujettis à l'impôt qui choisissent de ralentir leur propre activité de façon à minorer leurs revenus taxables ou qui prennent d'autres dispositions permettant d'optimiser leur charge fiscale (augmentation de l'épargne de précaution, baisse de la consommation, meilleure utilisation des niches fiscales...).

Quant aux réformes lancées par le gouvernement visant à lutter contre la fraude fiscale et sociale comme le *Plan de lutte contre le travail illégal et les détachements abusifs*, elles ne permettront pas d'inverser significativement la tendance sans une vraie baisse de la pression fiscale, à la fois au niveau des taux et du nombre de taxes. Mieux vaut en définitive s'attaquer aux racines de la fraude (un environnement fiscal élevé et complexe qui multiplie les cas de fraudes passive et active), plutôt que de lutter uniquement contre ses manifestations les plus extrêmes (ce qui garantit presque toujours d'avoir un temps de retard). La science économique montre en effet que lorsque la fraude elle-même n'est plus possible car trop coûteuse pour l'agent économique, c'est en définitive le travail lui-même, donc la production de richesse, qui s'arrête[2].

---

1. Le désormais célèbre « effet Laffer » correspond à une pression fiscale maximale au-delà de laquelle les rentrées fiscales baissent.
2. Voir Francesco Busato et Bruno Chiarini, *Steady state and Laffer curve with the underground economy*, ministère de l'Économie et des Finances italien, 2012.

Évitons donc la fuite en avant actuelle ! Votons un objectif d'un maximum de 100 taxes. Cela demanderait un grand travail de rationalisation, notamment en supprimant toutes celles de moins de 1 milliard d'euros de recettes, en intégrant les taxes sur la production à l'impôt sur les sociétés et en fusionnant les taxes affectées sur la consommation. Il en résulterait une TVA plus élevée, un impôt sur les sociétés au taux plus bas mais avec une productivité importante et une assiette plus large (suppression de certaines niches).

L'imposition serait également plus cyclique, mais n'est-ce pas la vocation de la fiscalité que de ne pas pénaliser l'activité dans les périodes de crise, et non l'inverse ?

2.

5,3 millions d'agents, 262 milliards de masse salariale

10 septembre 2014. La France, en procédure de déficit excessif depuis près de cinq ans, annonce à Bruxelles qu'elle reporte à 2017, au lieu de 2015, son engagement de limiter le déficit public à 3 % du PIB. Le même jour, le ministre belge du Budget signe une circulaire gelant les embauches dans la fonction publique fédérale jusqu'à la fin de l'année. La mesure, pressentie depuis le début de l'été, est présentée ainsi : « En aucun cas, on ne peut dépasser les 3 % de déficit budgétaire sous peine de revenir dans la procédure européenne de déficit excessif. » Une prudence dont nous ferions bien de nous inspirer : si nous réduisions la masse salariale des agents de la fonction publique de 0,3 % du PIB, cela nous permettrait d'économiser 6 milliards d'euros.

Mais avant de tirer des conclusions, menons le raisonnement. 32 %, c'est le pourcentage de l'augmentation de la masse salariale en valeur des trois fonctions publiques depuis 2002, pour finalement atteindre les 262,7 milliards d'euros en

2012. 32 % d'inflation de la masse salariale[1] pour un accroissement des effectifs de 15 % : de 4,6 millions d'agents en 2000 à 5,3 millions en 2012 (5,4 en 2013). Faut-il s'étonner après qu'en termes de comparaison internationale, la France soit le 7e pays comptant le plus de fonctionnaires ? Nous sommes uniquement devancés par les pays du nord de l'Europe, la République tchèque et le Luxembourg.

À partir de ces données, il paraît évident qu'en France, mieux gérer les ressources humaines publiques est un enjeu capital pour réaliser des économies durables. Or, une maîtrise de la masse salariale doit aujourd'hui passer par une baisse des effectifs. Une question délicate, trop longtemps ignorée par les politiques, de crainte des réactions. Mais, à force de ne pas affronter le problème, la situation s'est embourbée et tous, usagers comme fonctionnaires, sont désormais mécontents.

Heureusement, le consensus autour de la question se fait lentement jour du côté des Français puisque, fin 2013, 57 % d'entre eux estimaient que le pays comptait trop de fonctionnaires. Un désamour exacerbé par le brutal coup d'arrêt mis à la politique du un sur deux dans la fonction publique d'État depuis mai 2012. Même le rapport Pêcheur (pourtant très conservateur) expliquait en octobre 2013 que « la France, qui est un grand pays développé, ne peut avoir pour ambition d'avoir des fonctionnaires et des militaires "au rabais", [soit] une fonction publique sous-développée. S'il y a trop

---

1. 11,9 % en volume. Voir l'annexe 3.

de fonctionnaires, il faut en réduire le nombre et non pas les sous-payer ».

Un régime de faveur en trompe l'œil

Été 2010, alors que s'installe durablement une crise de la dette en Europe et alors que tous nos voisins européens se décident à faire des coupes dans les salaires des fonctionnaires, la France, totalement à contre-courant, négocie une dernière fois avec les syndicats l'augmentation du point d'indice – qui sert de base de calcul aux rémunérations – pour 1 milliard d'euros. Depuis, le point d'indice a été gelé et ce a priori jusqu'en 2017. Mais, contrairement aux affirmations des syndicats, gel du point d'indice ne veut pas dire gel des salaires.

À titre d'exemple, à la suite de vives revendications syndicales, le gouvernement a décidé en mai 2014 d'appliquer le Pacte de responsabilité à la fonction publique alors que cette mesure devait spécifiquement répondre au besoin de stimuler les emplois privés. La France compte pourtant 5 à 7 millions d'emplois marchands de retard par rapport à ses principaux compétiteurs européens. Cette baisse des cotisations salariales des fonctionnaires – une augmentation du point d'indice qui cache son nom – représente au total un « geste » de 458 millions d'euros par an et intervient juste après l'annonce d'une revalorisation des bas salaires de la fonction publique au 1er janvier 2015 pour un montant total de 1 milliard d'euros.

C'est plus particulièrement vrai dans la fonction publique territoriale où se concentrent les dérives : + 82 % en trente-deux ans au niveau des effectifs. Les collectivités territoriales ont bien tenté de justifier cette augmentation par les nombreux transferts de compétences opérés vers les départements et régions mais la Cour des comptes a fait le calcul : hors décentralisation, l'augmentation reste de 152 000 postes sur six ans. « L'évolution des dépenses communales ne traduit pas encore de manière suffisante les effets que l'on serait en droit d'attendre d'une réelle mise en commun des moyens entre communes et intercommunalités », déclare le président de la Cour des comptes fin 2013. Il cite notamment l'exemple de la ville de Carcassonne où « la mise en place d'une communauté d'agglomération en 2002 a été suivie par une multiplication par trois de ses effectifs depuis cette date, alors qu'au même moment, ceux de la commune de Carcassonne s'accroissaient de 11 % ». Une addiction à ne pas prendre à la légère : elle a toujours un impact financier très sérieux puisqu'une augmentation de 1 % des effectifs de la fonction publique territoriale représente une dépense supplémentaire de 560 millions d'euros par an. En 2013, on n'en est pas loin avec 0,9 % d'agents en plus.

Des passe-droits sans fondement

Comment s'organise la gestion de cette masse salariale monumentale ? En grande partie « à la carte », comme l'explique la Cour des comptes fin 2013. Officiellement, les avancements de carrière se déroulent en fonction « de l'ancienneté et de la valeur professionnelle » mais certaines « chambres régionales des comptes ont observé un taux de 100 % [de promotions] dans de nombreuses collectivités ». La Cour des comptes épingle également certaines mesures coûteuses pour le contribuable. Par exemple, la commune de Coudekerque-Branche (Nord) a décidé de se considérer comme « une ville-centre de la communauté urbaine de Dunkerque » et ce, uniquement « dans le but d'augmenter fortement le grade et le traitement des postes de direction ».

À Toulouse, à la suite d'accords collectifs, 7 à 10 jours de congés supplémentaires sont accordés par agent. À Béziers, de nouvelles règles ont été mises en application en juillet 2013 : l'administration octroie une demi-journée de repos hebdomadaire à tous ses agents, y compris les cadres. Une demi-journée de droit : c'est délirant ! Mais la palme revient certainement aux éboueurs de Marseille qui depuis 1953 bénéficient officiellement du « fini-parti » : comprendre qu'une fois le travail effectué, l'éboueur peut rentrer chez lui sans aucun contrôle. En 2007, un rapport tirait la conclusion que les éboueurs de Marseille travaillaient désormais la moitié du temps légal, soit 3 heures et demie au lieu de 7 heures. En 2011, des élus écologistes de la ville constataient des tournées de 2 à 3 heures seulement. Soixante ans que cela dure sans que les élus réagissent et finalement, c'est un avocat, Benoît Candon, qui a saisi le tribunal administratif pour dénoncer la saleté récurrente de la ville. En 2014, le tribunal lui donne raison.

Cette série d'exemples illustre les dérives croissantes dans la fonction publique locale. Des dérives qui, mises bout à bout, coûtent quelque 800 millions d'euros par an aux contribuables. Sans doute plus en réalité. À qui la faute ? Difficile de trouver un responsable unique quand les évolutions de la masse salariale de la fonction publique territoriale dépendent des décisions de plus de 39 500 collectivités et que l'évolution des rémunérations dépend à la fois de décisions centrales (mesures générales) et de décisions locales (évolution de carrière propre à chaque agent), mais aussi de certaines particularités de la fonction publique territoriale où l'avancement à l'ancienneté maximale est ainsi accordé automatiquement, contrairement à la fonction publique d'État.

Réduire, oui mais comment ?

La politique du un sur deux (ne pas remplacer un fonctionnaire sur deux partant à la retraite), stoppée net par François Hollande lors de son arrivée à la tête de l'État, n'avait pas apporté les économies attendues, notamment à cause de la redistribution, voulue par Nicolas Sarkozy, des économies sous forme d'indemnités supplémentaires à la fonction publique. Mais la situation s'est aggravée. François Hollande a pris la démarche inverse en apparence : stabiliser les effectifs de la fonction publique et la masse salariale. Il s'agit là d'un artifice : pour financer les priorités du gouvernement (Éducation nationale, Recherche, Justice), certains ministères sont mis à la diète (Défense, Finances, etc.). Résultat : une politique salariale au point mort et des dépenses de personnel qui ont continué de déraper de plus de 1 milliard d'euros depuis le début du quinquennat tandis que le nombre d'agents dérape aussi.

Il faut désormais agir à la source. Le bon sens voudrait que, pendant cinq ans, et dans le cadre plus large d'une fusion et réorganisation des collectivités territoriales et administrations, un gel des embauches dans la fonction publique soit décidé (c'est-à-dire, un non-remplacement strict des départs en retraite). Une telle mesure dans la fonction publique territoriale et d'État devrait permettre au pays de supprimer environ 630 000 postes et réaliser un peu plus de 15 milliards d'euros d'économies. À l'heure où le gouvernement doit tenir son enveloppe budgétaire et cherche des pistes d'économies dans tous les recoins de l'administration, le sujet ne doit plus être tabou : ni sur le nombre de fonctionnaires dont la France a réellement besoin pour faire tourner le pays, ni sur le statut « à vie » des agents d'un État obèse qui paralyse désormais une grande partie de notre économie.

3.

36 769 communes, 15 903 syndicats intercommunaux, 27 régions, 101 départements

« Qu'on ne vienne pas me raconter que les collectivités territoriales sont à l'os. Ce n'est pas vrai[1]. »
Voilà ce que lâchait Bernard Cazeneuve face aux
opposants à la réforme territoriale que François
Hollande a lancée début 2014. De 2001 à 2011,
l'actuel ministre de l'Intérieur avait en effet organisé la fusion de Cherbourg et d'Octeville dont il
devient maire, permettant une baisse des frais de
fonctionnement de 20 %. « La fusion m'a permis
de faire des économies d'échelle. Je n'ai pas remplacé tous les départs en retraite, j'ai centralisé les
fonctions d'achat et j'ai fait du rabot », explique-t-il.
Un effort à relativiser, pourtant, car les dix ans de
travail et la détermination du maire n'auront permis de supprimer que... 37 postes seulement.
À l'opposé de la dépense mesurée, prenons
l'exemple de la communauté de communes de
Saint-Malo-de-la-Lande : elle a inauguré, en 2014,
un nouveau centre sportif, Jean-Gachassin, dans la

---

1. « Fusion à la mode Cazeneuve », *Challenges*, 20 mars
2014.

commune d'Agon-Coutainville, destiné aux écoles de sport. Jusque-là tout va bien, sauf que la commune de moins de 3 000 habitants possède déjà trois courts de tennis couverts et n'avait, a priori, pas besoin d'en construire deux de plus. Après enquête, on a découvert que le projet est issu de l'initiative personnelle du président de la communauté de communes afin de permettre aux 70 élèves de l'école de rugby de se changer sur place. Le coût de ce caprice ? 460 000 euros de construction. Les contribuables locaux paieront. Comme d'habitude.

Des villages d'irréductibles Gaulois

Au-delà des taxes et du nombre des fonctionnaires, c'est toute notre organisation qui est en cause : 36 769 communes, 15 903 syndicats intercommunaux mais aussi 27 régions, 101 départements, 240 préfectures... À la fin, ce sont plus de 50 000 échelons ou strates qui font exploser les dépenses, les effectifs, les missions publiques, etc., sans qu'on puisse comprendre qui fait quoi. Bref, trop c'est trop.

On remarque que malgré la mise en place du statut de *commune nouvelle* en décembre 2010, le bilan est consternant : deux regroupements effectués au 1er janvier 2012, sept regroupements au 1er janvier 2013 et un regroupement officialisé le 28 février 2013 puis rien en 2014 pour cause d'élections municipales ! Une méthode trop douce pour être efficace. Pourtant, pour ces seules fusions, on constate déjà 6 à 8 % d'économies sur les frais généraux. Et les exemples sont légion autour de nous : en trente ans, l'Allemagne est passée de plus de 30 000 à 12 196 communes et ce, malgré la réunification. Tout au long du XXe siècle, la Suède est passée de 2 532 à 290 communes, notamment en augmentant le nombre minimum d'habitants par commune à 5 000. Enfin, le Royaume-Uni, en supprimant les échelons administratifs régionaux et communaux, est géré par 409 « autorités locales » en charge des politiques publiques non centralisées.

Et nous ? La France concentre 40 % des collectivités de l'Union européenne alors que nous ne représentons que 12,8 % de la population totale. Nous sommes donc très en retard : la faute à des micro-communes qui jouent la carte de la proximité plutôt que celle de l'efficacité dans l'application des services publics. La question se pose : fusionner les communes, est-ce une gageure ? Cela ne devait-il pas entrer dans le champ de la nouvelle réforme territoriale ? A priori oui, mais il semble que ni le gouvernement ni François Hollande ne souhaitent évoquer cet épineux dossier. Une aberration puisque le foisonnement est sans fin, surtout depuis que la dernière tentative s'est soldée par un échec cuisant : Édouard Balladur voulait « évaporer les communes dans les intercommunalités ». L'ancien Premier ministre n'a fait que rajouter une couche au mille-feuille, les communes ne voulant pas fusionner. Résultat ? Quinze ans après, 96 % des communes et 80 % de la population appartiennent à un établissement public de coopération intercommunale (EPCI) sans qu'aucune économie soit réalisée.

Qui fait quoi ?

Alors depuis quinze ans, le champ de compétence des intercommunalités s'est élargi, mais sans abandon du périmètre d'intervention des communes. Par exemple, l'assainissement : cela peut être une mission de la commune et de l'intercommunalité. Pas surprenant alors de trouver des cas où « le tuyau est tantôt municipal, tantôt intercommunal, avec quatre gestionnaires pour le même tuyau avant le rejet de l'eau traitée en mer », expliquait Yannick Moreau, député de Vendée. Entre 2000 et 2008, les effectifs des intercommunalités ont augmenté de 64 % (contre 3 % dans les communes). Le bilan n'est donc pas défendable et si ces regroupements ont bien permis d'amener des infrastructures et de nouveaux services dans certaines communes isolées, cela s'est toujours fait au prix d'une hausse de la fiscalité locale, de coûts de fonctionnement supplémentaires et d'un enchevêtrement des compétences incompréhensible pour le contribuable.

Hélas, l'attitude de nos élus est plus qu'ambiguë : la clause générale de compétence qui « accorde aux collectivités une capacité d'intervention générale, sans qu'il soit nécessaire de procéder à une énumération de leurs attributions » a été en partie supprimée en décembre 2010, puis restaurée pour les départements et les régions en janvier 2014 avant que le projet de loi sur la réforme territoriale déposé au Sénat en juin 2014 organise à nouveau sa suppression. Définir le « qui fait quoi » devrait pourtant être l'axe majeur de la réforme territoriale !

Quelques avancées sont cependant à noter : les 13 nouvelles régions devraient a priori exercer exclusivement les compétences qui leur sont attribuées par la loi (c'est-à-dire qu'aucune autre collectivité ne peut les exercer) comme le développement économique et le développement équilibré des territoires, la gestion des lycées et des collèges, les transports – interurbain et scolaire, les routes. Mais traiter ce dossier au cas par cas ne suffit plus, il faut revoir et simplifier la carte et les compétences de chacun. Une réduction à 13 régions implique nécessairement de revoir l'organisation de l'État, de la Sécurité sociale, des départements et des communes. Or, sur tous ces points, la réforme territoriale, qui se voulait rapide et claire, aboutit à une impasse. Ne parlons même pas des départements : ils sont maintenus contre les recommandations de tous. C'est donc à tâtons que la *grande* réforme semble être en marche pour (peut-être) 2016. Ne nous voilons pas la face : il s'agit d'une réforme dont l'échec est – malheureusement – probable, au moins par rapport aux ambitions affichées.

Une vraie réforme territoriale devrait pourtant nous permettre de sortir de cette organisation en « silos » d'un territoire découpé selon le cadre administratif du XVIIIe siècle. La France du XXIe siècle doit certes passer par la fusion de grosses régions aux compétences élargies, mais aussi et surtout par la suppression de l'échelon départemental et la fusion des communes françaises en 5 000 super-communes.

Enfin, voici le dernier oubli du gouvernement et des parlementaires : que faire des fonctionnaires sans rattachement une fois la simplification effectuée ? Tous l'ont probablement en tête, mais pour l'instant, personne ne se dévoue pour le dire à voix haute ! Or les économies passeront nécessairement par la réduction de la masse salariale publique des collectivités. Voilà, c'est dit. Mieux, c'est chiffré : une économie de presque 240 000 postes en huit ans est possible au niveau communal, 56 000 postes au niveau départemental et 16 000 postes au niveau régional. Ajoutons à cela les économies de postes dans les intercommunalités, les services départementaux d'incendie et de secours, les centres de gestion de la fonction publique : au total, ce sont presque 370 000 postes qui peuvent disparaître à l'occasion des nombreux départs en retraite du papy-boom – sans le moindre licenciement bien sûr – tout en améliorant le service rendu aux citoyens, soit 2 milliards d'économies en trois ans, 5 milliards en cinq ans[1].

La majorité des fonctionnaires restants ne changeraient de toute façon pas de travail mais juste d'employeur. Ainsi, ceux qui distribuent les aides sociales rejoindraient la Sécurité sociale, les personnels techniques, les collèges, et ceux des transports, la région. Et pour une fois, si c'était plus facile à faire qu'à dire ?

---

1. Voir le tableau en annexe 4.

4.

163 ambassades
pour 191 ambassadeurs

Vingt ans après avoir quitté le Quai d'Orsay, Dominique de Villepin est revenu travailler une journée pour toucher près de 100 000 euros. Une anecdote révélée par des journalistes britanniques et rendue possible grâce à un dispositif mis en place par un décret de juin 2011[1] applicable aux anciens ministres plénipotentiaires et conseillers des affaires étrangères hors classe, âgés entre 58 et 62 ans, comptant au moins vingt-cinq ans de services civils et militaires. Le montant perçu par l'intéressé est plus précisément de 88 000 euros. Il s'agit en réalité d'un scandaleux détournement, celui d'un pécule de départ mis en place pour faire partir de vieux diplomates en activité à qui on ne trouvait plus de postes. En échange d'un versement immédiat, l'État devait ainsi réaliser une économie à terme. C'est raté.

Dominique de Villepin n'est pas le seul à avoir pu bénéficier de ce que les Anglais appellent un *loophole* – une faille dans le système : Jean-Maurice

---

1. Décret n° 2011-634 du 8 juin 2011.

Ripert, lui aussi ancien de la fameuse promotion Voltaire à l'ENA, celle de François Hollande, a pu bénéficier, alors qu'il n'était pas en poste, de près de 37 000 euros de primes et indemnités sur l'année 2011, soit un peu plus de 3 000 euros par mois. Malgré une situation budgétaire difficile, la générosité est là. Plus étrange encore : bien que la France compte 163 ambassades, on dénombre... 191 ambassadeurs !

Des hauts fonctionnaires « en surplus »

Créés par Jacques Chirac, on compte aujourd'hui 28 ambassadeurs « thématiques », c'est-à-dire sans ambassade. Et leurs missions sont pour le moins hétéroclites : ils peuvent occuper des postes liés à une zone géographique ou à un sujet transversal (« questions migratoires », « chargés des relations avec la société civile »...), ou une mission issue d'un poste de direction d'un service central du ministère (« adoption internationale » ou « mobilité externe des cadres du ministère »). La plupart de ces thématiques laissent dubitatifs : ainsi, les missions de l'ambassadeur « chargé de l'audiovisuel » ne relèvent-elles pas du groupe France Médias Monde (France24, TV5 Monde...) ? Jacques Valade, 83 ans, ancien ministre et sénateur UMP, ambassadeur « chargé de la coopération décentralisée avec l'Asie » occupe-t-il un poste indispensable étant donné son âge et le nombre d'ambassadeurs déjà présents en Asie ? Quant aux données budgétaires concernant ces ambassadeurs thématiques, elles sont totalement opaques : les estimations varient entre 1,5 million d'euros et 10 millions d'euros par an.

Mais ces ambassadeurs sans ambassades ne sont qu'une illustration des difficultés, voire du refus total, de moderniser le Quai d'Orsay. En 1994, la Cour des comptes expliquait s'inquiéter de la densité de notre réseau diplomatique qui comptait 147 postes et « qui p[ouvait] sembler quelque peu surdimensionné »… Alors, que penser de notre réseau actuel qui se compose de 163 ambassades, 4 antennes diplomatiques, 16 représentations permanentes et 92 postes consulaires que le Quai caractérise lui-même d'universel ? La France entretient le 3e réseau diplomatique le plus important du monde, derrière les États-Unis et la Chine, mais le 1er en termes de postes. Logiquement, nous occupons la première place en Europe, une légitimité douteuse dans la mesure où, en Europe au moins, nos dirigeants et nos ministres se parlent le plus souvent en tête à tête !

Face aux critiques, le Quai d'Orsay fait l'autruche et se montre inflexible : « Nous n'entendons fermer aucune ambassade mais nous voulons en alléger certaines… » Cet universalisme n'est pas même justifié par notre population à l'étranger puisque avec 1,6 million d'expatriés inscrits au registre des Français de l'étranger, dont près de 40 % au sein de l'Union européenne, la France fait pâle figure.

Le Royaume-Uni et l'Italie, avec des réseaux diplomatiques beaucoup plus restreints, administrent chacun plus de 5 millions d'expatriés. Pour la France, nos 228 services implantés physiquement dans

161 pays (auxquels s'ajoutent plus de 500 agences consulaires dirigées par un consul honoraire) assument un large éventail de missions – trop large[1] – sans équivalent au sein de l'Union européenne. Il faut cependant relativiser, le réseau consulaire français ayant fait des efforts (avec une trentaine de rationalisation de postes) ces dernières années jusqu'à se réduire à un septième du budget total de la mission « Action extérieure de l'État » qui, lui, ne cesse d'augmenter. Une inflation du budget que le ministère attribue à l'augmentation des cotisations aux organisations internationales dont la France ne peut se dédouaner. Mais cette affirmation, impossible de la vérifier, le budget présenté mélangeant pêle-mêle l'entretien du réseau, le versement des contributions internationales et le financement des opérations du maintien de la paix ! La Cour des comptes a bien tenté de demander un détail des coûts plus approfondi, sans succès.

Des ambassadeurs de mauvaise volonté

La révision générale des politiques publiques (RGPP) avait déjà émis l'idée d'une rationalisation du réseau grâce à la régionalisation des ambassades

---

1. Hormis la France, aucun État ne rend comme services à l'étranger : la transcription des actes d'état civil, l'organisation des journées d'appel et le recensement des jeunes, l'aide aux Français de l'étranger à l'accès à des formations professionnelles (cette mission est exercée dans une trentaine de postes), ou encore le versement des bourses scolaires.

et la mutualisation des ressources. Dans cette optique, un plan triennal de réduction des emplois et des moyens avait été demandé à chaque ambassadeur. Seul un tiers l'ont bien livré et, pire, « certains ambassadeurs [avaient] engagé des interventions informelles auprès des autorités locales pour contrecarrer l'éventuelle transformation de leur ambassade en poste de présence diplomatique ».

Pourtant, lorsqu'on constate que 60 % des effectifs et du parc immobilier sont localisés en Afrique et en Europe, une rationalisation de notre présence diplomatique semble largement envisageable. Chez nos voisins d'outre-Manche, la réforme du Foreign Office a permis, grâce à la redéfinition des missions de chaque ambassade, la fermeture définitive de 19 postes diplomatiques dont 10 en Europe et aux États-Unis. Des ambassades régionales ont été ouvertes, des *laptop ambassadors* nommés (chargés depuis Londres de suivre les affaires d'un ou de plusieurs États) et le train de vie des agents en poste à l'étranger a été revu à la baisse. Ce recentrage de la présence britannique dans le monde aura permis de réduire de 25 % les dépenses dédiées à l'espace européen : « Le signe, non pas d'un détachement avec la diplomatie européenne, mais d'une reconnaissance que les Affaires européennes se discutent maintenant à Bruxelles ou directement avec les chefs d'État et les ministres européens. »

Pour comparer, entre 2010 et 2014, le budget du Foreign Office aura été réduit de 50 %, passant de 3 à 1,5 milliard d'euros quand, en France, le budget de la mission « Action extérieure de l'État » a augmenté de 216 millions d'euros pour atteindre les 3 milliards d'euros. D'autant que si les missions sont relativement comparables, gardons en mémoire que le budget du Foreign Office inclut également toute la diplomatie économique (partagée, en France, entre le Quai d'Orsay et la direction du Trésor dont les postes et les effectifs se font concurrence) et leur très efficace diplomatie audiovisuelle (subventionnée jusque fin 2013 à hauteur de 213 millions de livres et qui est aujourd'hui prise en charge par la redevance et les bénéfices de BBC World). Il est donc possible d'assurer le fameux « rayonnement de la France » et ce, avec des moyens plus réduits.

Le plus regrettable, c'est ce manque de volonté politique qui bloque cette modernisation de la diplomatie chez nous. Ainsi la régionalisation, c'est-à-dire l'exercice des principales compétences diplomatiques à l'échelon régional par un ambassadeur, n'a jamais été initiée malgré les encouragements du *Livre blanc 2009* sur le sujet. Le ministère des Affaires étrangères a rapidement rejeté l'idée, invoquant des difficultés relatives aux paiements transnationaux et à l'insuffisance des procédures de dématérialisation. Quant aux tentatives de mutualisation des services ou de partage des bâtiments avec d'autres pays membres de l'Union européenne, la France et l'Allemagne s'étaient engagées à ouvrir ensemble 10 ambassades d'ici à 2020. Résultat : les réalisations sont, à l'heure actuelle, quasi nulles et souvent le fruit de spécificités locales. Ainsi, le bâtiment de l'ancienne ambassade de Rio de Janeiro (offert par le Brésil à la France), désormais trop grand pour le seul consulat français, abrite également les consulats allemand et finlandais. À Shanghai, le traitement des demandes de visas de la France et de l'Allemagne a été externalisé vers la même entreprise. En pratique, les voyageurs s'adressent donc à un guichet unique franco-allemand. Mais la mutualisation s'arrête là puisque « les deux circuits de traitement sont totalement étanches ». Dernière alternative à l'universalité du réseau : la création de postes très réduits – moins de 5 agents. Sauf que les rares expérimentations lancées par la France (notamment en Moldavie et en Mongolie) ont préfiguré la mise en place d'une implantation permanente (respectivement 16 et 11 agents en 2012) !

Vendre pour se réinventer

Avant de se lancer dans une meilleure gestion du réseau, encore faudrait-il que le Quai d'Orsay soit en mesure d'organiser la cession de ses biens immobiliers. En effet, le ministère dispose d'un parc de plus de 1 500 biens à travers le monde, d'une valeur estimée à 5,3 milliards d'euros. Un enjeu essentiel, d'autant que le Quai d'Orsay bénéficie, dans le cadre des cessions de bâtiments à l'étranger, d'une exonération de la contribution à la mutualisation et au désendettement du budget général de l'État. Entre 2006 et 2012, les cessions de biens à l'étranger lui ont donc rapporté 307 millions d'euros mais Laurent Fabius a reconnu en 2013, devant la Cour des comptes et le Parlement, qu'une partie de cette somme était désormais dévolue à des dépenses d'entretien du réseau et non à de l'investissement – comme prévu.

L'absence de stratégie globale est la source du problème. France Domaine n'étant pas présent à l'étranger, les ambassadeurs ont gardé la mainmise sur la politique immobilière. Et les choses ne bougent pas puisque le Quai d'Orsay explique que le parc restant, d'une valeur de 5 milliards d'euros (dont 1 milliard au Liban et plusieurs centaines de millions aux États-Unis, au Royaume-Uni et au Japon), est désormais « en grande partie une réserve de valeur non cessible » ; une affirmation qui, si elle est vraie, doit servir de sonnette d'alarme pour rationaliser la présence française dans le monde ou, si elle est fausse, démontre l'absence totale de volonté du ministère de réduire un réseau diplomatique qu'il n'est plus capable de financer...

Pourtant, la tentative de rationalisation effectuée à Paris semble plutôt efficace, passant de 10 à 4 locaux distincts : cela a permis de réduire la surface par agent dans l'administration centrale de 21 m² en 2007 à 13 m² en 2012 (ce qui se rapproche de l'objectif fixé par l'État : 12 m² par agent). Cependant, de sérieux dysfonctionnements persistent toujours puisque l'ancien bâtiment des Archives (aujourd'hui déplacées en banlieue) est toujours vacant : 2 000 m² en plein cœur du VIIe arrondissement de Paris vides depuis deux ans ! « Si le grand public le savait, les critiques fuseraient ! », s'exclamait le rapporteur spécial de la mission « Action extérieure de l'État ».

Dynamiser le tissu local

Enfin, dernier point, qui n'est pas le moins accablant, le coût du personnel a dérapé : la France et le Royaume-Uni emploient tous les deux environ 15 000 agents sauf que la masse salariale des agents français est un tiers supérieure à celle des Britanniques. Une différence qui s'explique principalement par le refus de la France d'avoir recours massivement aux agents locaux, c'est-à-dire recrutés sur place et de droit local. En moyenne, un tel agent coûte 15 % de moins qu'un expatrié installé à l'étranger. Ces agents représentent 34 % des effectifs du ministère, un taux inchangé depuis 2007 et qui reste faible si l'on fait une comparaison internationale puisqu'en 2007, l'Allemagne employait déjà 42 % d'agents locaux (55 % aujourd'hui), les États-Unis 64 % et le Royaume-Uni, qui espère atteindre les 70 % d'ici à 2015 62 %.

Résultat : depuis 2007, la masse salariale augmente à un rythme régulier d'environ 2 % par an pour atteindre les 892 millions d'euros en 2012. Nos voisins ont donc compris l'intérêt d'avoir recours à des agents locaux et ils les emploient désormais pour assurer un travail diplomatique (veille, lobbying, travail consulaire...) quand, de notre côté, ils effectuent principalement un travail administratif. Il faudrait donc augmenter l'emploi d'agents locaux jusqu'à ce qu'ils représentent 60 % des effectifs du ministère, on pourrait alors espérer une réduction d'un tiers de la masse salariale mais également organiser la baisse du nombre de fonctionnaires sous statut (en reconnaissant que la diplomatie la plus importante se fait aujourd'hui depuis Paris, et dans le cadre européen, à Bruxelles) et des postes diplomatiques. Un bon début serait déjà de fermer 10 ambassades et 30 consulats, en priorité, en Europe (où l'Union européenne doit servir de relais) et en Afrique (en régionalisant les postes).

Tous ces problèmes de gestion sont évidemment reproduits à chaque échelon diplomatique. Par exemple, concernant la « culture française à l'étranger », il n'existe aucune coordination entre les différents établissements en place : Fondation Alliance française, France Médias Monde, Maison de France, Institut français, centre culturel français, établissements scientifiques, Campus France... Les ambassadeurs et leurs conseillers ne doivent remplir aucun objectif précis et, de toute manière, aucun public n'est ciblé en particulier. Bref, le rayonnement culturel français dépend de la bonne volonté des individus sur place !

Enfin, que penser de l'Agence pour l'enseignement français à l'étranger ? 50 % de ses ressources sont apportées par la puissance publique, soit 550 millions d'euros versés par le ministère de l'Éducation nationale, le ministère de la Culture, le ministère de l'Enseignement supérieur et de la Recherche, le ministère des Affaires étrangères et les collectivités territoriales. Grâce à cela, l'Agence gère près de 500 établissements, sauf que le statut immobilier est un vrai casse-tête : ainsi, il semble que le propriétaire du lycée français de Prague soit... un parent d'élève. Pire, le 18 décembre 2010, la sénatrice Monique Cerisier ben Guiga signalait dans un audit la « gestion optimale » de l'agence. Pourtant, de nombreux établissements scolaires sont maintenus en vie artificiellement, à l'instar de la classe préparatoire économique et commerciale du lycée français de Vienne, qui ne compte en première année que sept étudiants. Malgré ce constat, aucune réduction de postes n'est prévue.

Moderniser et rationaliser la diplomatie française peut apparaître comme une réforme dont l'urgence est relative. Elle serait pourtant exemplaire, puisque si le Quai d'Orsay n'est pas, en termes budgétaires, un ministère important (il ne pèse que 1 % du budget de l'État), il cristallise à lui seul des phénomènes que l'on retrouve partout ailleurs dans l'administration : périmètre d'action mal défini, gestion erratique du patrimoine immobilier et du personnel, fortes réticences à adopter le célèbre slogan : « Le changement, c'est maintenant » !

5.

103 aides sociales,
700 milliards de dépenses sociales

L'empilement est donc dramatique puisqu'il pèse sur le portefeuille des Français et met notre avenir en danger. Mais, heureusement, l'État-providence sait comment se faire pardonner. À chaque augmentation d'impôt, il rappelle combien nous sommes chanceux de bénéficier de sa prodigalité. Les aides sociales, c'est un peu la potion magique d'un État qui nous dorlote pour mieux nous endormir.

Jeannette souffre d'un handicap mental. Elle a cependant une chance dans son malheur, celle de pouvoir travailler dans un établissement pratiquant l'aide par le travail pour un salaire d'environ 700 euros par mois, et d'être hébergée dans un foyer pour adultes handicapés. Sa carte de transport lui est remboursée pour moitié par son employeur, et pour partie par le Syndicat des transports d'Île-de-France. Comme elle est en activité, elle reçoit le RSA (environ 150 euros par mois) et, en raison de son handicap, 40 euros au titre de l'Allocation aux adultes handicapés. Il faut y ajouter des aides de sa Caisse d'allocations familiales ainsi que du conseil général.

Jeannette bénéficie également de la couverture de l'Assurance maladie au titre de son activité salariée et a souscrit librement une couverture complémentaire. Sans qu'elle en fasse la demande, elle a reçu un chèque de 200 euros de la Caisse primaire d'assurance maladie qu'elle a envoyé à sa mutuelle, laquelle l'a encaissé en contrepartie d'une diminution de la cotisation correspondante. Jeannette a ensuite reçu, sans l'avoir sollicité, de la Caisse régionale d'assurance maladie d'Île-de-France, une lettre indiquant qu'elle pouvait bénéficier d'un remboursement de 25 % du montant du premier chèque. Sans oublier la Caisse d'allocations familiales, à laquelle Jeannette aurait pu demander une aide sociale pour l'équipement de sa chambre...

Un méli-mélo incompréhensible

Vous êtes perdu(e) ? Normal, dans le cas de Jeannette, on voit intervenir le département pour la gestion des minima sociaux, l'État pour le RSA activité, à nouveau le département pour l'aide aux « handicapés accueillis en établissement », la Caisse primaire pour les prestations maladie, la Caisse régionale pour les deux aides complémentaires et facultatives attribuées, la mutuelle pour la complémentaire santé sans oublier, bien sûr, le foyer d'hébergement qui reçoit des aides du département et d'autres organismes et enfin l'établissement et service d'aide par le travail qui reçoit lui-même des aides de plusieurs organismes. Un enchevêtrement incompréhensible de prestations et d'interlocuteurs dont la conséquence première est l'explosion des frais de gestion. Ainsi le coût de ces démarches (examen des dossiers, décision, gestion des aides) peut monter, pour certaines aides, jusqu'à 25 % du montant de la prestation (par exemple 20 à 25 euros pour 100 euros versés).

En tout, on compte en France plus de 100 allocations, indemnités et pensions différentes. Un nombre qui a explosé ces trente dernières années, au point que 45 % des allocations versées par les Caisses d'allocations familiales ne sont plus des dépenses de type « familial » puisque 53 % des allocataires vivent seuls ou sans enfants. Un saupoudrage de plus de 700 milliards d'euros où tout le monde se perd : les décideurs, les gestionnaires comme les usagers. D'autant que 10 % de ce saupoudrage est constitué d'aides versées sous conditions de ressources. En 2009, le montant total des principaux avantages sociaux s'élevait à 53,5 milliards d'euros contre 72,5 milliards en 2012. À ce rythme, nous dépasserons les 130 milliards d'ici 2022.

Et bien sûr, aucune aide ne répond aux mêmes conditions. Certaines sont forfaitaires, d'autres dégressives en fonction des revenus et les règles de cumul entre elles sont infiniment compliquées. Par exemple, le RSA, qui avait pour ambition de constituer une allocation unique, se cumule partiellement avec les aides au logement. Un vrai maquis indéchiffrable... et un terrain fertile pour les fraudes. À ce propos, les estimations sur la fraude aux prestations sociales varient considérablement : 480 millions d'euros déclarés par la Sécurité sociale, 4 milliards d'euros selon Xavier Bertrand, alors ministre de la Santé, ou jusqu'à 25 milliards d'euros selon la Cour des comptes (en intégrant la fraude aux cotisations et le travail au noir). Une situation injuste, à la fois pour l'allocataire trainé de guichet en guichet et qui ignore parfois les aides auxquelles il aurait pu avoir droit, et pour le contribuable qui paye la facture[1].

Le travail, c'est la santé ?

Voici le témoignage d'un homme divorcé, en garde alternée pour ses deux enfants. Lui est imposable avec un salaire net de 1 800 euros. Son ex-compagne touche un revenu de 500 euros pour cinquante heures de travail par mois. Sauf que, malgré la garde alternée, la Caisse d'allocations familiales la considère comme l'allocataire principale, ce qui lui permet de toucher en plus 750 euros du RSA, 400 euros d'aide au logement, d'être bénéficiaire de la couverture maladie universelle (CMU) et du tarif social d'EDF. Facile de comprendre qu'une fois les impôts acquittés, le père se retrouve avec moins que son ex-compagne alors qu'il n'est toujours pas autorisé à toucher des aides pour élever ses enfants. Un cas plus répandu qu'on ne le pense puisque la non-fiscalisation des compléments de salaire et l'accumulation des aides sociales peuvent permettre à ceux qui ne travaillent pas, ou très peu, de toucher autant qu'un Smic.

---

1. Voir l'annexe 5.

La Fondation iFRAP a établi, début 2013, une simulation de revenus nets d'un foyer « type » : un couple avec deux enfants entre 5 et 15 ans, habitant dans la région parisienne (zone 3 pour le transport), payant un loyer mensuel de 600 euros. Et le constat s'est révélé clair : lorsqu'il est peu rémunéré, le travail n'apporte qu'une amélioration beaucoup trop modeste des revenus par rapport à l'absence d'activité[1] !

Pour que le travail « paye » véritablement, il faut que le salaire dépasse largement un Smic à temps complet. En dessous, les revenus d'assistance écrasent les différences. Fiscaliser les aides sociales mettrait fin à ce problème qui concerne nombre de foyers de la classe moyenne, lesquels sont à la frange des aides et ne comprennent pas que leur labeur ne leur permette pas de se démarquer des bénéficiaires de l'assistance. La fiscalisation des prestations aurait le mérite de mettre tout le monde sur un pied d'égalité devant l'impôt puisque, aujourd'hui, les aides sociales ne sont pas comprises dans le revenu imposable. Il est injuste et anormal de priver les ménages aisés de prestations répondant à un principe de redistribution horizontale.

Par ailleurs, il serait également juste que la même règle soit appliquée aux prestations versées sous conditions de ressources (minima sociaux, prestations annexes distribuées en espèces par l'État, les

---

1. « Ne pas travailler peut rapporter presque autant qu'un Smic », Note de la Fondation iFRAP du 24 octobre 2013 : http://www.ifrap.org/Ne-pas-travailler-peut-rapporter-presque-autant-qu-un-smic,13611.html

collectivités locales et tous les organismes publics). Ces prestations sont en règle générale payées à des personnes non imposables mais, nous l'avons vu, leur cumul peut aboutir à verser des revenus proches de ceux que perçoivent par exemple des salariés payés au Smic qui, eux, sont imposables sur la totalité de leurs revenus et sont redevables de cotisations que des bénéficiaires de minima sociaux n'ont pas à supporter.

Bref, on empile les aides et les guichets depuis trente ans avec l'aval des gouvernements successifs, de droite comme de gauche : jamais les aides sociales n'ont été autant développées et les déficits aussi abyssaux, de sorte qu'il apparaît désormais impossible de ne pas redéfinir les missions. En 2012, Manuel Valls a proposé de bâtir un nouveau modèle de protection sociale « capable de donner à chacun, non pas des soins, mais les moyens de se bâtir, en parfaite autonomie et responsabilité, un présent et un avenir ». Plus facile à dire qu'à faire apparemment.

Fusionner les aides, réduire le nombre d'interlocuteurs

Avoir un tel système, plus juste et moins onéreux, c'est possible ? Confronté au même problème que nous, le Royaume-Uni – encore lui – a décidé en 2011 d'unifier ses 51 aides sociales en un *crédit universel* unique et plafonné à hauteur du revenu moyen d'un foyer anglais. Le nouveau système de protection sociale a aussi été entièrement informatisé au niveau central (mettant fin aux doublons et à la multiplication des guichets), pour des économies attendues entre 18 et 22 milliards de livres d'ici 2016. Ce *crédit universel* est accompagné d'une baisse du montant des aides et d'un durcissement des conditions de versement. Par exemple, pour stopper la montée des dépenses d'aides au logement (de 11 milliards de livres en 1997-98 à 21 milliards en 2009), la réforme a introduit une *Bedroom Tax*. Avec cette nouvelle législation, les bénéficiaires des aides au logement verront leurs allocations réduites s'ils vivent dans un logement trop grand pour leurs besoins. Les Britanniques ont aussi décidé la fin de l'indexation des allocations sur l'inflation. Ainsi sur les trois prochaines années, l'augmentation ne dépassera pas 1 % annuel (contre 2,2 % en suivant le cours de l'inflation).

En France, il faudrait déjà commencer par fusionner les aides versées par l'État, c'est-à-dire le RSA, l'allocation de solidarité spécifique, la prime pour l'emploi, toutes les prestations familiales et maladie, la prime de rentrée, la prime de Noël, les réductions de taxes d'habitation (et de taxes foncières le cas échéant), tous les tarifs sociaux et les cartes de transport. Seulement, unifier ces aides ne représente que la moitié du chemin, il faudra ensuite mener une réflexion particulière en ce qui concerne les aides sociales facultatives dépendant des collectivités locales.

Mais comment en est-on arrivé à un tel éparpillement alors qu'à la sortie de la Seconde Guerre mondiale, le nouveau système se voulait unique ? Eh bien cela commence dès 1945, quand le système « unique » accepte de conserver une multitude de régimes particuliers et de régimes spéciaux, certaines professions ayant refusé d'intégrer le régime général jugé moins avantageux. Depuis, ces régimes spéciaux perdurent et se sont même étoffés. Et avec eux, les guichets au niveau central et les caisses locales : 265 aux niveaux départemental et communal, 59 au niveau des régions. Et si cette multitude de structures se justifiait en 1945 quand tous les documents étaient sous format papier et que tous les traitements se faisaient localement, elle n'est plus justifiable à l'heure d'Internet. Si un effort a été entrepris, il s'est révélé inefficace : en 2010, la Cour des comptes constatait que les 3 366 informaticiens de l'Assurance maladie étaient dispersés entre 150 villes ou sites et que les 2 000 informaticiens de la seule Caisse nationale étaient répartis dans 43 sites, multipliant les coûts de gestion et de développement des applications. Un gaspillage supplémentaire alors que l'équilibre financier difficile de toutes ces structures impose des transferts supplémentaires entre régimes de base et des régimes de base vers les régimes spéciaux, ce qui ajoute à la complexité du système.

Au niveau de l'administration, la gestion des effectifs laisse dubitatif. Officiellement, les salariés des organismes de protection sociale ne sont ni fonctionnaires ni contractuels de la fonction publique, mais des salariés de droit privé. Sauf qu'en pratique, leur statut est très proche de celui de la fonction publique (une progression de carrière largement à l'ancienneté ainsi qu'une quasi-garantie de l'emploi à vie), ce qui explique sans doute leur fort absentéisme avec un taux d'arrêt maladie de 128 % supérieur à celui des salariés du privé ! On est donc dans la situation où les personnes chargées de gérer et de contrôler les arrêts maladie du privé ne sont personnellement pas soumises aux mêmes contraintes. Le comble est que, quand un jour de carence a été imposé (très brièvement) dans la fonction publique en 2011, les salariés des organismes de Sécurité sociale ont réussi à échapper à cette règle. Un tel absentéisme est d'autant plus choquant que les salariés de ces organismes disposent de congés importants en plus des 5 semaines légales : au moins 3 jours de congés dits « locaux », une demi-journée par 5 ans d'ancienneté, 2 jours par enfant de moins de 15 ans, 3 à 5 jours pour congés fractionnés, sans compter 12 jours pour soigner un enfant malade de moins de 11 ans (6 jours après 11 ans).

Empilement des aides, des acteurs, des régimes spéciaux et des effectifs. Peut-on vraiment s'étonner que les dépenses de protection sociale nous coûtent la bagatelle de 700 milliards d'euros en 2014 ? Nous faisons donc la course en tête, au coude à coude avec le Danemark que nous avons devancé pour la première fois en 2010. Mais tous s'accordent à le reconnaître (le ministère du Travail comme l'OCDE) : la France reste toujours devant en valeur, le Danemark n'ayant pas atteint les 100 milliards d'euros de dépenses de prestations sociales. Il faut dire que nos dépenses sociales ont doublé depuis 1963, soit en seulement deux générations, passant de 16 à plus de 30 % du PIB. Une inflation qu'il convient de stopper d'urgence puisqu'elle n'est plus synonyme de meilleures conditions sociales. En 2011, la Cour des comptes mettait en évidence « l'extrême fragilité de notre protection sociale » en dressant cette conclusion terrible que « la dépendance à la dette est devenue en réalité le poison de la Sécurité sociale. La dette sociale est une drogue : elle conduit à masquer les réalités et les fragilités structurelles et à émousser les efforts indispensables de redressement ». Un mal spécifiquement français, aucun autre pays européen n'ayant entériné une telle dérive à long terme.

Il est désormais impératif d'organiser la fusion des caisses sociales au niveau régional en commençant par les 101 caisses familiales départementales à intégrer dans les 13 nouvelles régions. À cette réforme de l'organisation des caisses, s'ajoutera la suppression programmée des départements : ainsi, un guichet unique des prestations familiales serait enfin mis en place. Ce guichet unique devrait être assuré au niveau local par des centres communaux d'action sociale.

Par exemple, après la réunification, l'Allemagne s'était préparée à affronter un envol de ses dépenses sociales et a voté, dès 1992, la mise en concurrence des caisses d'assurance maladie pour en responsabiliser la gestion financière. Depuis 2004, leur balance financière est excédentaire et ce pour 57,5 milliards d'euros en 2011. Un chiffre qui doit faire rêver nos dirigeants alors que chez nous, le tableau se noircit toujours davantage, prévoyant un déficit cumulé de 142 milliards d'euros d'ici à 2018 pour les branches famille, santé, vieillesse et le Fonds de solidarité vieillesse. En 2012, dans la zone euro, seules la Grèce et l'Espagne ont connu un déficit des administrations sociales supérieur à celui de la France. Joli podium...

6.

100 000 mandats paritaires

C'est le chiffre qui vaut de l'or. Combien y a-t-il de mandats d'administrateurs en France au sein de la Sécurité sociale et de ses satellites ? 10, 20, 50 000 ? Non, c'est bien environ 100 000 mandats qu'il faut compter dont plus de 68 800 vraiment identifiés[1]. Un chiffre jamais publié. 100 000 mandats qui donnent de la notabilité. Ce sont les doux avantages bien cachés du paritarisme. Ce que l'on appelle le paritarisme est un système dans lequel employeurs et salariés se concertent au sein d'instances décisionnelles où les deux parties sont représentées en nombre égal. Un système bien français qui permet à chacun d'être président ou administrateur de quelque chose et forme l'aboutissement de cette tour de Babel moderne qui bloque la société française.

C'est le bon vieux système dit de la Sécu. Tout remonte (encore) à 1945 et ces fameuses ordonnances des 4 et 19 octobre qui ont créé la Sécurité sociale, fusionnant les anciennes assurances (maladie,

---

1. Et ce, selon un chiffrage de l'association Réalités du dialogue social. Voir aussi l'annexe 6.

retraite…) auxquelles s'en est ajoutée une autre, en 1967, instaurant la séparation en branches auto-nomes : maladie, famille et vieillesse. Chaque branche est alors responsable de ses ressources et de ses dépenses. Au sein de ces branches sont représentés les syndicats de salariés, du patronat et l'État. La créa-tion du régime d'assurance chômage date, lui, de décembre 1958, sous l'impulsion du général de Gaulle. Mais là, on est dans ce que les partenaires sociaux appellent le « paritarisme pur[1] » : seules les organi-sations syndicales siègent et l'État est absent.

À l'heure actuelle, les organisations représentatives du patronat et les syndicats participent conjointement à la gestion d'un grand nombre d'institutions qui relèvent du champ de la protection sociale : caisses de Sécurité sociale, assurance chômage (Unédic), caisses de retraites complémentaires (Agirc-Arrco), institutions de prévoyance, formation professionnelle (OPCA), logement, handicap. À ce titre, elles en tirent des ressources qui étaient historiquement cali-brées pour couvrir leurs frais de participation.

Qui sait que chaque CAF (Caisse d'allocations familiales) compte 24 membres dans son conseil d'administration ? Que chaque Caisse primaire d'as-surance maladie (CPAM) en compte 26 ? La MSA (Mutualité sociale agricole), 30, l'Acoss (l'Agence centrale des organismes de sécurité sociale), 33 membres, le RSI (Régime social des indépen-dants), 50 ?… Personne bien entendu ! Combien de Français connaissent même l'existence du système

---

1. Le « paritarisme pur » comprend l'assurance chômage, les retraites complémentaires et la formation professionnelle.

paritaire ? Pas beaucoup alors que tous les ans, ce sont plus de 650 milliards[1] dont il est question. Soit la moitié de l'ensemble de la dépense publique.

Toutes sortes d'avantages...

S'il semble que les 100 000 mandats ne sont peut-être pas tous occupés car certains des administrateurs en occupent plusieurs à la fois, il n'empêche : tous sont défrayés et personne n'a vraiment envie que le système soit réformé.

Tout le monde trouve son compte dans le paritarisme : les cadres de la Sécurité sociale qui perçoivent en moyenne, selon la Cour des comptes, 95 000 euros brut annuels et ce, sans les primes qui ont augmenté de 20 % au régime général et 174 % à la MSA. Le paritarisme, pour ceux qui l'ont connu de l'intérieur, est aussi « une forme moderne de distribution des hochets de la République. Vous siégez pendant vingt ans à la Caisse d'allocations familiales ou dans une Assedic et vous êtes assuré d'avoir au moins le Mérite national ou la Légion d'honneur ». Les syndicats se sont institutionnalisés, ils ont attrapé le virus des politiques et veulent avant tout des postes, des titres et... des frais non imposables. Rien que pour le voyage qu'il faut faire tous les ans pour aller assister au conseil d'administration du centre informatique des Urssaf[2], le défraie-

---

1. Dont 120 milliards environ de paritarisme pur.
2. Union de recouvrement des cotisations de sécurité sociale et d'allocations familiales.

ment peut atteindre 900 euros l'aller-retour pour un week-end. D'ailleurs, quand on creuse un peu, on se rend compte que les frais sont remboursés forfaitairement, sans avoir besoin de fournir de justificatifs. La personne qui habite à 300 km mais était déjà sur place la veille pour une autre réunion sera quand même défrayée de ses kilomètres.

Paradoxalement, les élus paritaires qui siègent dans les conseils d'administration de tous ces organismes expliquent que le système est devenu une simple mascarade de pouvoir et de conseils fantoches qui ne servent qu'à « signer en bas de la page ». Ils n'ont plus aucun pouvoir mais leurs syndicats continuent à plébisciter un système qui leur permet d'obtenir des sièges pour leurs militants et d'avoir la paix syndicale. Finalement, aussi bien du côté du patronat que des syndicats de salariés, chacun évalue son pouvoir au niveau parisien en fonction du nombre de mandats répartis en France, tout en admettant à voix basse qu'eux-mêmes ne savent pas exactement combien ils en possèdent.

Le moins qu'on puisse dire, c'est que ce n'est pas simple puisqu'on garde évidemment le plus de structures possible pour pouvoir continuer à financer des postes de direction ou des présidences. Comme l'évoquait un ancien des conseils d'administration en question : « Les syndicats de salariés ne défendent pas les intérêts des assurés mais ceux des salariés des caisses, dans une confusion totale des genres. »

Le règne de l'entre-soi

À l'Unédic, l'organisme qui gère l'assurance chômage, c'est la même gabegie : on compte une cinquantaine de mandats d'administrateurs quand la totalité des salariés ne dépasse pas 100. Cherchez l'erreur. Et pour compliquer le tout, l'Unédic envoie des représentants du patronat et des syndicats (5 chacun) siéger au niveau national chez Pôle emploi...

On parle souvent de la consanguinité des conseils d'administration du Cac 40 mais c'est oublier celle des organismes de la Sécurité sociale. Au moment où les Urssaf sont régionalisées, les syndicats de salariés demandent un audit de la régionalisation. Ils n'en font pas faire un, mais 22, un pour chaque région et la facture, selon des sources convergentes, atteint quelque 300 000 euros l'audit. Et ce, alors que l'on retrouve quasiment les mêmes analyses d'une région à l'autre, de la Normandie au Centre. Cela fait cher le rapport.

Dès lors, en France, la question est simple : pourquoi les syndicats perdraient-ils leur temps à recruter des adhérents ? La manne du paritarisme, ces organismes de gestion des retraites, de l'assurance maladie ou des prestations familiales, leur évite bien des tracas, qui déverse sur eux chaque année près de 60 % de leurs ressources globales, quel que soit le nombre de leurs cotisants. Le Medef, au niveau national, reçoit du paritarisme de l'ordre de 14 millions d'euros, soit plus de 35 % de son budget annuel. La CGPME, pour sa part, en est à plus de

80 % de son budget national financé par les organismes paritaires. Quant aux syndicats de salariés, ils ne sont pas en reste : la CFDT, FO, la CFTC, chaque centrale reçoit du paritarisme tous les ans un peu moins de 9 millions d'euros en moyenne[1]. Voilà, tout le monde est content grâce à la pompe à morphine paritaire !

On peut aussi être étonné que les défraiements effectués par les différents organismes paritaires ne fassent pas l'objet d'une publication régulière ni d'un suivi spécifique de la Cour des comptes. C'est que l'opacité est de mise. Pire, les syndicats, appuyés par le gouvernement, ont mis en place un fonds financé en partie par une taxe sur la masse salariale des entreprises pouvant se monter jusqu'à 138 millions d'euros, subventions publiques incluses. Hé oui, tandis que l'on ne cesse de dire que le coût du travail est trop élevé en France, les centrales ont finalement considéré que créer une petite taxe en plus était une grande idée !

Cela n'a d'ailleurs pas été du goût de tous les entrepreneurs qui ont même parlé de racket du patronat et des syndicats, évoquant le fait qu'ils préféraient largement les ponctionner sans leur demander leur avis plutôt que de devoir expliquer à quoi sert leur cotisation. Ce fonds est censé remplacer à l'euro près les prélèvements actuels sur la formation professionnelle et pourra être étendu à l'avenir aux autres financements venant des caisses de retraites ou maladie. Comme si les organisations syndicales s'arrangeaient pour continuer à perce

---

1. Difficile d'obtenir un chiffre exact sur le sujet.

voir leurs recettes au-delà de l'existence ou non du paritarisme... Tout porte à croire, d'ailleurs, que la recette de ce fonds sera rapidement supérieure aux montants de cotisation actuels. En effet, il pourrait rapporter beaucoup plus que prévu en cas de reprise soutenue de l'activité, ce que se garde bien de chiffrer l'étude d'impact. À ce moment-là, croyez-vous que les organisations syndicales et patronales penseront à baisser le taux ? Jamais, évidemment.

Un chantage délétère

Par ailleurs, l'État apporte un soutien financier décisif, de l'ordre de 47,4 millions d'euros. Plus curieux, rien n'est dit s'agissant des contributions des collectivités territoriales en faveur des organisations syndicales. Leur effort n'est cependant pas mince, tant en nature (mise à disposition de locaux, dont les bourses du travail) que sous la forme de subventions diverses (aides aux associations proches de syndicats, subventions pour organisations événementielles, etc.). Les soutiens directs et indirects ne sont pas recensés. Ils mériteraient de l'être, surtout s'ils sont pérennes. C'est bon le paritarisme : peu de contrôles et pas trop d'explication sur l'utilisation de l'argent public. Étonnamment, cela ressemble un peu (et les sommes en jeu aussi) aux reproches que l'on peut faire à la réserve parlementaire et son utilisation clientéliste.

Si le paritarisme n'était pas ce panier percé, pourquoi les organisations syndicales et patronales n'ont-elles pas tiré depuis beaucoup plus longtemps l'alarme sur les doublons du système, sur leurs coûts ? Le rapport Perruchot, du nom de ce député centriste qui avait enquêté en 2011 sur le financement des syndicats, avait chiffré à quelque 65 millions d'euros le coût des mandats paritaires. Mais si l'on se fonde sur les témoignages recueillis sur le terrain, c'est plutôt un coût dans une fourchette de 100 à 200 millions d'euros par an qui serait plus vraisemblable car le montant annuel moyen des remboursements serait de plus de 1 000 euros par an et par mandat pour environ 100 000 mandats. Il n'y a qu'à faire le compte.

On est ici face à un système où les membres des conseils paritaires ferment les yeux sur cette mauvaise gestion. Rien de sain dans tout cela. Comme le dit Raymond Soubie, qui fut le conseiller social de plusieurs présidents de la République, le paritarisme en France est devenu un dogme que personne ne peut toucher ni même critiquer sans commettre un crime de lèse-majesté. À l'heure où l'on parle encore de simplification de la fiche de paie française, la plus longue et la plus chère à produire, personne ne fait jamais le lien avec le paritarisme. Pour simplifier la fiche de paie et surtout alléger à terme les prélèvements sociaux, une seule solution : réformer ce système fou.

Afin de réduire drastiquement le nombre d'organismes et le nombre de mandats, les défraiements pourraient être supprimés. On devrait voir assez rapidement fondre les effectifs d'administrateurs ! Ensuite se pose la question : pourquoi les partenaires sociaux gèrent-ils les questions de l'assurance chômage, de l'assurance santé ou les Caisses d'allocations familiales, alors qu'en réalité c'est à l'État de le faire et de prendre ses responsabilités face à la dérive des comptes ?

C'est à ce prix que cessera le clientélisme navrant et coûteux des organismes paritaires.

DEUXIÈME PARTIE

DÉRIVES

7.

618 384 élus

926 068 candidats se sont présentés aux municipales de 2014, soit un électeur sur 49 et, au bout du compte, un électeur sur 100 sera devenu conseiller municipal. Au total, la France compte 618 384 élus locaux et nationaux, cela représente un mandat électif pour 104 habitants. Un record mondial et une spécificité française que nos 360 taxes et autres prélèvements financent à grands frais.

577 députés, 74 députés européens, 348 sénateurs, 2 040 conseillers régionaux, 51 membres de l'Assemblée territoriale de Corse, 131 membres de l'Assemblée de la Nouvelle-Calédonie, de Polynésie et de Wallis-et-Futuna, 4 054 conseillers généraux, 36 785 maires, environ 356 519 conseillers municipaux et plus de 38 000 élus intercommunaux... cela fait beaucoup. Beaucoup trop.

Ceux dont on parle le plus, ce sont les parlementaires, et pour cause : on en dénombre un pour 70 000 habitants. Pour comparer, aux États-Unis, leur ratio est d'un parlementaire pour 600 000 habitants. En Europe, seule l'Italie est devant nous. Sauf que Matteo Renzi, le nouveau président du Conseil

italien, désire dorénavant restreindre les prérogatives du Sénat, notamment en réduisant le nombre
d'élus de 315 à 100 pour une économie attendue
de 57 millions d'euros. Une mesure qui semble
transposable en France. Alors, oui, c'est une chan-
son connue que les politiques aiment reprendre :
réduction de « 10 à 15 % » pour Nicolas Sarkozy,
de 30 % pour François Bayrou. Même le président
de l'Assemblée nationale, Claude Bartolone, souscrit à ces coupes claires : « Des parlementaires
moins nombreux, ce sont des parlementaires mieux
identifiés et plus puissants[1]. »

Un retour vers le futur (électif)

Alors, si tout le monde semble d'accord, quand
est-ce qu'on s'y met ? Peut-être plus tôt que prévu,
certains médias[2] ayant annoncé la volonté de François Hollande de lancer une grande réforme institutionnelle en 2015. S'il est probable que ces
proclamations resteront sans effets, il s'agirait pourtant d'une avancée nécessaire puisque, rappelons-le,
toutes les précédentes réformes ont augmenté le
nombre d'élus : en 1986, on passe ainsi de 487 à
577 députés, la majorité socialiste de l'époque voulant sauver le maximum de sièges en introduisant

---

1. Claude Bartolone et Hélène Bekmezian, *Je ne me tairai
plus, plaidoyer pour un socialisme populaire*, Flammarion, 2014.
2. Europe 1, 1er octobre 2014 : « Hollande va lancer sa
réforme institutionnelle ». *Le Monde*, 16 janvier 2013, « Hollande songe à diminuer le nombre de députés ».

le scrutin proportionnel. C'est 30 % de parlementaires en plus par habitant que le Bundestag en Allemagne, qui a pourtant accueilli de nouveaux députés au moment de la réunification ! Au niveau du Sénat, on est passé de 301 à 348 entre 2004 et 2011. Bref, nos marges de manœuvre sont importantes[1].

La France est également le pays d'Europe où les députés sont les mieux indemnisés : 162 000 euros par an. « Faux ! En dehors de l'Espagne et de la Suède, les indemnités des députés français sont les plus basses ! », répondront en chœur nos représentants. Oui... à ceci près que les parlementaires ont volontairement limité leur rémunération de base. En contrepartie, ils bénéficient d'indemnités connexes et de dispositifs pour le moins opaques.

Tentative d'explication. L'indemnité parlementaire comprend trois éléments : l'indemnité parlementaire de base (5 514,68 euros), l'indemnité de résidence (165,44 euros) et l'indemnité de fonction (1 420,03 euros) pour un brut mensuel de 7 100,15 euros et qui est, sur le plan fiscal, imposée suivant les règles classiques. En cas de cumul des mandats, les indemnités totales ne peuvent dépasser la limite d'une fois et demie l'indemnité parlementaire. Mais la vraie différence entre le député français et ses homologues européens concerne les frais de secrétariat et l'indemnité représentative de frais de mandat (IRFM). Ainsi, entre 2001 et 2010, les charges de secrétariat ont progressé de 41 % et l'IRFM de 24 %. Des compléments de revenus non

---

1. Voir annexe 7.

imposables évidemment et qui font régulièrement l'objet de révélations dans la presse : député organisant des voyages personnels, financements de campagne électorale... En 2012, le député UDI Charles de Courson déposa ainsi un amendement afin de mieux contrôler ces indemnités : seulement 24 députés ont voté pour !

Et cela ne s'arrête pas là, puisqu'il faut encore ajouter le crédit « affecté à la rémunération de collaborateurs » de 9 504 euros (par mois) pour chaque député. Ce crédit doit lui permettre de se constituer une équipe (de trois personnes en moyenne) à charge pour lui de recruter des personnes compétentes. Il se trouve – pur hasard – que ces personnes compétentes ont souvent des liens de parenté ou d'alliance assez étroits avec leur employeur.

Une générosité sans réserve

On entend beaucoup parler de la fameuse réserve parlementaire. Chaque année, chaque parlementaire se voit allouer environ 130 000 euros par son groupe politique, ce qui lui permet d'attribuer des subventions à une série de bénéficiaires. Ce n'est qu'une estimation, car Claude Bartolone, en sa qualité de président de la Chambre, dispose par exemple de 520 000 euros de réserve. En 2013, la réserve s'élevait à 81,34 millions d'euros (auxquels s'ajoutent 53,9 millions d'euros de réserve sénatoriale et 32,9 millions d'euros de réserve ministérielle). Dans le détail, on se rend compte que les

députés privilégient – hasard encore ? – le financement de projets des communes dont ils sont maire
ou conseiller municipal. Certes cet argent ne va
pas dans leurs poches, mais ces pratiques relèvent
pour l'essentiel d'un clientélisme débridé. Et coûteux. Ainsi, pour revenir aux exemples précédents,
est-il normal que Claude Bartolone, lorsqu'il était
candidat aux élections municipales du Pré-Saint-
Gervais, ait attribué 200 000 euros de sa réserve à
cette commune ? De même, Gilles Carrez a versé
un demi-million d'euros au Perreux-sur-Marne,
commune où il a été réélu en 2014 avec 69,44 %
des suffrages.

Ces sommes, cela ne fait que deux ans qu'elles
sont rendues publiques. Et, cerise sur le gâteau,
c'est la réserve de « la présidence de l'Assemblée
nationale » – 3,1 millions en 2013 – qui permet de
soutenir certaines fondations, associations ou institutions : 250 000 euros ont été versés à ce titre au
Conseil d'État, c'est-à-dire à la plus haute juridiction
de l'administration ainsi qu'à la Cour des comptes,
ce qui pose un léger problème en termes de séparation des pouvoirs des autorités administratives et
judiciaires.

La partie immergée de l'iceberg

Si réduire le nombre de parlementaires et supprimer la réserve parlementaire sont les deux points
essentiels d'une réforme volontariste, il faut surtout
mieux contrôler la bonne utilisation des sommes
versées aux députés et aux sénateurs, surtout en

cas de cumul. « Il n'y a pas de contrôle. Tout repose sur la bonne foi des élus[1] », explique René Dosière. Si l'on peut douter de l'effectivité de ce critère, il faut bien garder en tête que les parlementaires ne sont que la partie émergée de l'iceberg. En effet, l'accumulation de toutes les rémunérations de nos élus locaux et nationaux coûte un peu plus de 2 milliards d'euros[2] chaque année[3].

Il y a mieux : des inégalités criantes demeurent en fonction du lieu d'exercice du mandat. Ainsi, un conseiller régional du Limousin gagne 31,16 % de moins que la moyenne nationale, alors qu'un conseiller régional de Rhône-Alpes est 20,9 % au-dessus. Même chose au niveau des conseillers généraux : mieux vaut exercer dans les Bouches-du-Rhône que dans les Hautes-Pyrénées (47,33 % de moins que la moyenne nationale tout de même !). N'y a-t-il donc aucune harmonisation sur l'indemnisation des élus locaux ? Encore une fois, René Dosière explique qu'en dépit d'un salaire de base, « chaque collectivité peut augmenter ce barème soit en créant des postes où le barème est majoré, comme vice-président ou adjoint, soit en atteignant le plafond autorisé ».

Réduire le nombre d'élus en France : une réforme plus urgente qu'il n'y paraît puisque l'application

---

1. *Le Point*, le 13 mars 2014.
2. Sans compter les rémunérations de l'Assemblée territoriale de Corse, de l'Assemblée de la Nouvelle-Calédonie, de Polynésie et de Wallis-et-Futuna, ainsi que celles des élus des nouvelles métropoles introduites par la loi du 27 janvier 2014 : notamment le Grand Paris, la métropole de Marseille-Aix-en-Provence et la métropole de Lyon.
3. Voir annexe n° 7.

de la loi contre le cumul, en 2017, aura comme conséquence l'augmentation du nombre d'élus. En effet, en France, près de 80 % des parlementaires cumulent plusieurs mandats, contre seulement 3 % au Royaume-Uni. Ainsi, dès lors qu'ils ne pourront faire autrement, les élus qui occupaient jusqu'alors deux sièges (voire plus) seront obligés de céder leur place à de nouveaux arrivants qu'il faudra bien rémunérer. D'où une explosion des enveloppes budgétaires. Réduire le nombre de parlementaires, revoir l'organisation territoriale, cela peut déjà nous permettre de passer de presque 620 000 à 55 000 élus.

Ne vaudrait-il pas mieux faire fondre l'iceberg avant de le croiser ?

8.

1 851 primes, 300 corps d'État

Être membre du Conseil d'État n'est pas aussi paisible qu'il y paraît : la légende raconte qu'un rat mordit le mollet d'un de ces messieurs alors qu'il visitait les sous-sols. Heureusement, ces derniers ont bénéficié depuis lors d'une « prime d'égout » (en plus de leurs confortables émoluments) afin de compenser la dangerosité de leurs fonctions ! Bref, l'administration française prend soin de ses agents. Au ministère de la Culture, une indemnité habillement et chaussures est ainsi versée aux personnels de gardiennage et de surveillance relevant de la direction des musées de France. Au Conseil d'État, les administrateurs perçoivent une indemnité... de bibliothèque.

Il n'est pas trop tard pour supprimer l'indemnité datant de 1948 allouée aux personnels travaillant dans les souterrains non aménagés (ou en béton), qui représente moins de 2 euros par mois, ou encore la dotation personnelle pour frais de représentation des maréchaux de France créée en 1952... À titre de comparaison, en 2013, les forces armées britanniques comptaient seulement

19 primes, contre 174 en France. Or cette dérive, qui a la vie dure, représente en définitive beaucoup d'argent.

Au total, les agents de la fonction publique de l'État se partagent en effet plus de 1 851 primes et indemnités dans l'opacité la plus complète. La part des primes dans la rémunération globale des fonctionnaires dépasse aujourd'hui 28 % dans la fonction publique d'État, soit 10 points de plus qu'en 2000. Associées au grand nombre de corps où se répartissent les agents, ces primes forment un obstacle considérable à la modernisation de la fonction publique. Bizarrement, il est presque impossible d'en trouver une liste complète. Elles ne sont répertoriées que dans le très confidentiel *Livre blanc* de l'Opérateur national de paye chargé d'établir un logiciel unique pour les quelque 2,5 millions de fonctionnaires de l'État. Ce document de 4 000 pages recense et détaille la nature des 1 851 primes dont peuvent bénéficier ces mêmes agents. Elles se divisent en trois catégories : les primes ministérielles propres à chaque ministère, les primes semi-ministérielles communes à plusieurs ministères, et les primes interministérielles présentes dans tous les ministères.

Jusqu'à 50 % de primes

Le traitement de ces données a permis d'établir un palmarès des ministères les plus généreux[1]. Et

_____
1. Voir l'annexe 8.

sans trop de surprise, c'est Bercy et ses 140 000 agents qui dominent le classement avec un total de 441 primes et indemnités, dont 193 n'existent qu'au ministère de l'Économie et des Finances. Ainsi, un contrôleur des finances publiques de catégorie B peut valoriser sa rémunération nette de 41 % grâce aux primes. Et cela monte jusqu'à 51 % pour un inspecteur des finances de catégorie A qui passe de 2 513 euros net mensuels à 3 807 euros net mensuels. Dans leur enquête publiée en 2011, Thomas Bronnec et Laurent Fargues rapportent l'exemple d'un sous-directeur de la délégation générale à l'emploi et à la formation professionnelle qui, lors du rattachement de la direction à Bercy, a gagné, « du jour au lendemain, environ 1 500 euros de plus par mois, simplement parce que son administration avait été rattachée aux Finances ». Les primes sont si nombreuses qu'un haut fonctionnaire nouvellement rattaché à Bercy racontait qu'il « n'avait jamais eu autant de lignes sur sa feuille de paie » au point de demander de l'aide à un collègue pour en comprendre le sens.

Il fait aussi bon travailler au ministère de l'Écologie, du Développement durable et de l'Énergie où 326 primes peuvent compléter le salaire des fonctionnaires. Par ailleurs, lorsque l'on s'intéresse aux primes ministérielles uniquement, on observe une remontée au classement du ministère de l'Éducation nationale qui compte 131 primes exclusives. De manière cocasse, c'est le ministère du Travail, de l'Emploi et du Dialogue social qui est le moins « généreux » avec ses agents : on y compte 40 primes dont seulement quatre de nature ministérielle soit

cinquante fois moins qu'à Bercy. Entre les différences énormes d'un ministère à l'autre et les
4 500 textes indemnitaires qui régissent la rémunération des agents de la fonction publique d'État
(dont 1 800 rien que pour les ministères financiers),
on comprend que le projet de centraliser la paie
des agents au sein d'un seul et même logiciel ait
échoué... Un échec à 290 millions d'euros tout de
même.

Les collectivités locales sont plus raisonnables,
puisqu'elles n'offrent « que » 28 primes différentes.
Mais, là encore, on est parfois surpris de ce que
l'on découvre. Dans le département de Haute-
Corse, 233 agents bénéficient encore d'une prime
informatique annuelle (qui date des années 1990 !),
illégale puisqu'elle est aussi attribuée aux agents
n'ayant pas effectué le stage qu'elle est censée
rémunérer. Quant aux primes versées par les
régions, leurs montants sont anormalement importants.

Ce brouillard, volontaire, qui entoure le système
bénéficie à l'administration. Dans son rapport remis
au Premier ministre en octobre 2013, Bernard
Pêcheur, pourtant président de section au Conseil
d'État et disposant à ce titre d'un accès privilégié
aux données publiques, révélait qu'« il n'existe
nulle part de recensement précis et exhaustif » des
primes accordées et qu'à ce titre, il ne pouvait
qu'« estimer » l'existence de plus « de 1 700 régimes
indemnitaires » dont certains représentent des
sommes dérisoires et pourraient être supprimés.
Quel manque de transparence quand on sait pourtant que l'article 14 de la Déclaration des droits de

l'homme et du citoyen garantit à « tous les citoyens le droit de constater, par eux-mêmes ou par leurs représentants, la nécessité de la contribution publique » et « d'en suivre l'emploi ». Un conseiller à la Cour des comptes confiait que lui-même « ne savait pas où trouver la liste des régimes indemnitaires »...

Une visibilité réduite

Comment expliquer une telle opacité ? La réponse est simple : la publication d'une telle liste révélerait l'étendue des privilèges dont bénéficient une partie des agents publics et permettrait aussi à ces derniers de se comparer entre eux. Le sort réservé au rapport Blanchard de 1983 ayant pour objet d'éclairer l'exécutif sur la nature, le montant et la répartition des indemnités, commandé par le Premier ministre Pierre Mauroy, est édifiant. Anicet Le Pors, alors ministre de la Fonction publique, raconte : « Le 13 juillet, j'accompagnais le Premier ministre. Dans l'avion, il me dit : "J'ai reçu le rapport Blanchard, je ne l'ai pas lu, il est dans mon coffre, qu'en penses-tu ?" Je lui ai répondu que je ne l'avais pas reçu moi-même et il m'a assuré "Je te l'envoie lundi". Le lundi a dû être très occupé car le mardi le gouvernement démissionnait et je n'ai jamais reçu le rapport Blanchard. À ma connaissance, personne n'a à ce jour rendu compte de son contenu. Le Conseil d'État a, au surplus, décidé que ce rapport n'était pas communicable aux usagers et aux fonctionnaires. » Bref, plus de trente ans après, le mystère de ce rapport demeure encore entier. Et la culture du secret est telle que certains ministres ne connaissent même pas les primes de leurs plus proches collaborateurs. Ministre de l'Économie et des Finances de 1995 à 1997, Jean Arthuis en a fait l'expérience : six mois d'attente lui furent nécessaires pour obtenir la liste des primes des 250 agents de Bercy les mieux rémunérés pour finalement récupérer le fameux document... sur du papier non photocopiable.

L'opacité sur les primes concerne donc aussi bien le grand public que l'administration. Conséquence : les primes sont si nombreuses et désorganisées que les doublons sont monnaie courante. À Bercy, l'indemnité mensuelle de technicité a pour objet de reconnaître le caractère très technique de l'activité des agents, mais se cumule avec d'autres primes dont l'objet est peu ou prou le même. Et que dire du supplément familial de traitement (SFT) qui double presque les allocations familiales des agents ? Ce supplément est composé d'une part fixe (par exemple 2,29 euros pour le premier enfant) et d'une part proportionnelle au traitement de l'agent et en fonction du nombre d'enfants à charge. Conséquence : les allocations familiales pour un salarié du privé s'étalent de 64 à 460 euros par mois. Le cumul allocations familiales plus supplément familial de traitement, de 142 à 944 euros par mois. Une injustice criante et bien cachée. D'autant qu'avec 5,5 millions d'agents, le supplément familial de traitement coûte finalement 1,3 milliard d'euros par an.

Le Royaume-Uni, confronté à la même problématique et après une expérimentation concluante dans ses services de santé publique, a organisé le déploiement, en octobre 2014, de son Shared Services Connected Ltd (SSCL) – une mutualisation et une informatisation de la gestion du personnel de ses principaux ministères. L'économie attendue est de 500 millions de livres par an et la réduction de 43 % des effectifs chargés du traitement des paies. Fin 2014, 518 agents devront ainsi s'occuper de la paie de 160 000 fonctionnaires britanniques. En France, harmoniser les systèmes informatiques des ministères devait permettre 190 millions d'euros d'économies au minimum, mais, faute de volonté politique, c'est à la « plume d'oie » que la paie des fonctionnaires continuera à être faite. Un échec cuisant de rationalisation d'autant que la France n'en était pas à son coup d'essai.

En 2008, l'État veut également unifier la paie des militaires dans un logiciel, Louvois, un supercalculateur. Malheureusement, très vite, celui-ci oublie la paie d'une partie des agents et surpaie une autre partie. Après l'abandon du projet et des versements complémentaires aux fonctionnaires lésés, le ministère de la Défense fera profil bas. Sauf que cinq ans plus tard, le ministère tente toujours de récupérer les 130 millions d'euros versés par erreur ! Ironie du sort, c'est la firme Steria, qui avait été choisie en France pour sauver Louvois, qui a été retenue pour organiser la centralisation de la paie des fonctionnaires au Royaume-Uni.

Les primes : chasse gardée des syndicats

Si les primes ne sont pas rendues publiques, c'est essentiellement parce que les syndicats de la fonction publique s'y opposent. Ils y voient un moyen de compenser la stagnation des salaires et de justifier l'utilité de leurs mandats. Rappelons quand même, à toutes fins utiles, que le gel du point d'indice ne semble pas avoir pénalisé si durement les agents publics. Les fonctionnaires français gardent une rémunération qui se situe dans la moyenne de l'OCDE et restent globalement mieux payés que les salariés du privé : d'après l'Insee[1], en 2011, le salaire mensuel moyen d'une personne travaillant dans le secteur privé était de 2 130 euros net contre 15 % de plus dans la fonction publique (2 434 euros).

Certaines primes sont aussi le résultat de mobilisations syndicales : tel est le cas de la prime « de fusion » que touchent les fonctionnaires de Bercy depuis 2008. Suite aux négociations entre le gouvernement et les syndicats relatives à la fusion entre la direction générale de la comptabilité publique et la direction générale des impôts, il avait été décidé que cette prime de 350 euros serait versée à tous les agents de la direction générale des finances publiques pour un coût total de 59,5 millions d'euros. Si le principe d'une telle prime est déjà contestable en soi, la Cour des comptes, dans

---

1. Institut national de la statistique et des études économiques.

un rapport commandé par la commission des finances du Sénat, s'étonnait que celle-ci ait été accordée à l'ensemble du personnel. Mais l'histoire ne s'arrête pas là : il aurait été normal que ce coup de pouce exceptionnel ne soit versé que l'année de la fusion entre les deux directions. Mais c'était sans compter avec la mobilisation des redoutables syndicats de Bercy. Le chantage syndical a permis d'intégrer la prime de fusion à celle, mensuelle, de technicité !

Ces primes qui n'existent pas

Ironie du sort, sur les 1 851 régimes indemnitaires, les primes à la performance se comptent sur les doigts d'une main. Le terme de « prime » a pourtant pour étymologie le latin *praemium* qui signifie gain, récompense ou... butin. Ainsi, la prime de fonctions et de résultats (PFR) mise en place par le gouvernement Fillon en 2008 avait pour objectif de clarifier les systèmes indemnitaires en se substituant à un certain nombre de primes existantes. Celle-ci était constituée de deux parties : l'une liée aux fonctions qui tenait compte des responsabilités exercées, et l'autre liée aux performances individuelles mesurées par l'atteinte ou non d'objectifs fixés. Malgré de bonnes intentions, ce dispositif a raté sa cible. D'abord, le nombre de régimes indemnitaires n'a pas diminué de façon substantielle, ensuite, la prise en compte des résultats personnels des agents fut plus que relative. Les représentants syndicaux, qui n'ont cessé de s'y opposer (la CGT parlant ironiquement de Prime Faisant Régresser) ont fini par l'éliminer.

Évaluer les agents de la fonction publique en fonction de leur performance, est-ce si difficile ? Peut-être, mais d'autres États ne se sont pas laissé abattre. En Suisse, la prise en compte de la performance dans la rémunération des agents publics s'est inscrite dans le cadre plus large d'une réforme supprimant le statut des fonctionnaires en 2002[1]. Engagé sous contrat individuel de droit public, les objectifs assignés à un fonctionnaire sont convenus entre ce dernier et son supérieur hiérarchique immédiat. La récompense s'ils sont atteints ? Une augmentation annuelle du salaire ou une prime complémentaire. Un tel système a de nombreux avantages dont la fonction publique française pourrait s'inspirer. Tout d'abord, les incitations financières n'étant pas négligeables, cette évaluation a un caractère incitatif permettant d'améliorer le rendement. De plus, l'existence d'objectifs chiffrés permettrait d'éviter les notations complaisantes. En Suisse, une mauvaise évaluation peut avoir des conséquences concrètes sur le maintien du poste et peut, dans les cas les plus graves, entraîner la résiliation du contrat.

Pour ceux qui doutent encore, lier rémunération et performance, est-ce que cela marche vraiment ? Oui, si l'on se base sur les résultats aux États-Unis. Depuis 2004, dans la fonction publique fédérale américaine, l'idée est de faire correspondre la rémunération d'un fonctionnaire, quelle que soit

---

1. Loi sur les personnels de la fédération.

sa position hiérarchique, avec sa contribution à la performance du service. De ces modalités a découlé une plus grande rigueur dans l'évaluation des agents : en 2001, près de 80 % des hauts fonctionnaires ont obtenu une évaluation de niveau « exceptionnel » contre 45 % en 2005 mais, pour autant, la qualité du travail n'a pas baissé : les agences fédérales ont simplement fait preuve d'un plus grand discernement dans l'évaluation des performances de leurs agents.

Le mille-feuille qui divise

En définitive, l'uniformité apparente de la fonction publique n'est qu'un leurre : la fonction publique d'État est divisée en corps de fonctionnaires qui correspondent à des statuts avec attributions, systèmes de primes et grilles de paies précises. Selon les dernières estimations rendues publiques, 327 corps composent actuellement l'administration. Là encore, la transparence est loin d'être de rigueur : aucune liste à jour des corps n'est disponible. Une opacité savamment entretenue puisque seul le ministère de la Défense a bien voulu répondre à nos sollicitations en fournissant une liste actualisée des corps qu'il gère.

Trop nombreux, ces statuts d'un autre temps représentent des freins à la mobilité. Dans le cas où un fonctionnaire accepterait de changer de ministère, rien n'indique que les commissions administratives paritaires accepteraient l'embauche. Le sentiment d'appartenance est si fort que certains grands corps présents dans les administrations clés et détenteurs des réseaux d'influences vont même jusqu'à bloquer les réformes si elles sont à leur désavantage. L'impossible suppression du classement de sortie de l'ENA en est une illustration : en 2009, certains députés UMP ont tué cette réforme dans l'œuf de peur que les privilèges des grands corps (qui s'accaparent les meilleurs élèves – Conseil d'État, Cour des comptes, Inspection générale des finances) soient remis en cause et leur vivier tari.

Des cas extrêmes peuvent aussi être rencontrés lorsqu'un grand nombre de corps existent au sein d'un ministère : la gestion des ressources humaines s'avère alors complexe et coûteuse. Une DRH en poste a signalé gérer 25 corps, ce qui requiert le travail de 180 agents. Par ailleurs, chaque corps est représenté par une commission administrative paritaire compétente pour les questions relatives aux carrières individuelles des fonctionnaires (mutation, licenciement...) qui le composent. Or, même si les membres des commissions ne sont pas rémunérés, l'organisation de ces réunions a un coût (remboursement des frais de déplacement, frais de reprographie et d'impression, masse salariale...) évalué à 1,3 milliard d'euros par an.

Conscient des obstacles à la mobilité que représentent les corps, le gouvernement Villepin avait engagé en 2005 une ambitieuse politique de fusion pour n'en garder que 230 d'ici 2018. Malheureusement, et contrairement aux recommandations de l'OCDE qui qualifiait d'« indispensable la poursuite de la fusion des corps », le gouvernement actuel a décidé de faire une pause dans cette réforme. Une de plus. Le nombre de corps reste bloqué à 327 et l'objectif initial de 230 corps est repoussé. Pourtant, actuellement, les trois quarts des effectifs de fonctionnaires civils des administrations de l'État relèvent d'environ 75 corps ! Il faut dire que toute fusion signifie également baisse des effectifs, une vérité difficile à porter pour le gouvernement.

Même si la multiplicité des corps et des primes s'entretient mutuellement, il faut impérativement y mettre fin. Réduire le nombre de primes et lier leur versement à la performance des agents serait un début. Une fois les primes simplifiées, il faudra fusionner les corps. Par exemple, on en compte actuellement 13 pour les seuls administrateurs civils (un dans chaque ministère) qui pourraient être fusionnés pour ne former qu'un seul organe interministériel. Cependant, rapprocher les régimes indemnitaires a évidemment un coût. Surtout si on les aligne par le haut. C'est pour cela qu'il faut s'attaquer en parallèle à la réduction du nombre de corps, à la convergence des primes gagées par une baisse des effectifs des agents publics. Comme le professent les Jivaros, pour réduire les corps, il faut commencer par la tête !

9.

5 millions de chômeurs, toutes catégories confondues

Avril 2014, une jeune femme de 36 ans interpelle le président de la République sur RMC : elle se plaint de sa maigre allocation de solidarité de 490 euros par mois et du fait que Pôle emploi, débordé, ne puisse lui offrir de formation. Sauf que l'on apprend dans la journée, grâce à un communiqué du préfet de Seine-Maritime, que la situation de la chômeuse était en réalité tout autre : cette dernière avait refusé l'offre de formation que la société qui l'avait licenciée pour cause économique lui avait faite. Elle avait même bénéficié de 12 rendez-vous avec Pôle emploi et de 10 offres d'emploi, toutes refusées. Et cette chômeuse, qui prétendait ne percevoir que l'allocation spécifique de solidarité, percevait également 1 050 euros des Assedic. Une situation plus qu'anormale mais qui permet de mettre en lumière qu'en France, il est possible de toucher trois ans après son dernier emploi une indemnité substantiellement proche d'un Smic.

Le nombre de chômeurs : « entre 3 et 5 millions »

On compte 5 millions de chômeurs en France fin 2014. Un chiffre fluctuant selon que l'on parle du chômage « au sens du Bureau international du travail (BIT) » – plus accommodant pour ses statistiques – ou du chômage au sens de Pôle emploi et de la Dares[1] avec les fameuses catégories (A, B, C, D, E…). Mais qu'importe la méthode de calcul, d'autant que l'Unédic attend 140 000 nouveaux chômeurs en 2015. Jusqu'où la situation peut-elle s'aggraver avant que l'on prenne des décisions ? La précédente majorité avait bien organisé la fusion des deux organismes traitant les demandeurs d'emplois (ANPE et Assedic) dans Pôle emploi. Mais cette refonte administrative, nécessaire, a simplement ignoré un léger détail : modifier les règles d'indemnisation.

Pourtant on nous avait promis que, désormais, la politique du retour à l'emploi serait incitative. Officiellement, depuis 2008, un chômeur qui refuse deux fois de suite des offres d'emplois réputées « raisonnables » doit être radié de Pôle emploi. Ça, c'est sur le papier car, quand on demande les statistiques de radiation des listes de Pôle emploi pour refus d'offre d'emploi, impossible de les trouver. En réalité, à en croire la Dares, il y en aurait moins d'une centaine par an. Les conseillers de Pôle emploi s'en expliquent : « On ne va pas contrôler

---

1. Direction de l'animation de la recherche, des études et des statistiques.

94

les chômeurs quand on n'a pas grand-chose à leur offrir. On verra ça à un moment où le marché sera plus ouvert.» Un comble, sachant que la radiation ne réduit même pas la durée globale des droits acquis à indemnisation, elle les suspend simplement.

On peut malgré tout s'étonner : dans toute la France, moins d'une centaine de personnes par an sur 3 à 5 millions de demandeurs refuseraient deux offres d'emplois ? Impossible. On touche ici à la réglementation de l'offre d'emploi dont le problème se fonde sur la définition de l'adjectif « raisonnable ». Un demandeur n'est donc tenu d'accepter un emploi que si celui-ci « correspond à sa profession ou à sa qualification acquise, ainsi qu'au niveau exact où il était dans son dernier poste », c'est-à-dire à 100 % de son dernier salaire. Par ailleurs, on ne peut tenir rigueur au demandeur de refuser une offre située à plus de 30 km de chez lui.

Dans la pratique, une offre d'emploi en CDD ne sera pas considérée comme « raisonnable » si le chômeur a spécifié postuler pour un CDI ! Compte tenu du pourcentage actuel d'embauches en CDD (83 % en 2013 dans les entreprises de plus de 10 salariés), on se doute bien que le chômeur qui cherche à éviter l'application de la réglementation n'aura guère de mal à y parvenir. Est-il alors normal qu'un chômeur puisse demander à bénéficier de prestations au nom d'un droit au travail, droit qu'il invoque en fonction de critères personnels ? Dans les États européens qui nous entourent, une telle prétention serait impensable.

Des politiques sociales (trop) automatiques

En l'état actuel des choses, l'allocation chômage fonctionne, en réalité, presque comme un minimum que le chômeur est assuré de percevoir. En septembre 2014, à Manosque et à Toulon, des expérimentations sur 2 600 chômeurs ont démontré que plus de 20 % d'entre eux ne cherchaient pas activement un emploi. « Dans certains endroits, ça dépasse même 30 %. [...] C'est la preuve qu'on ne peut pas rester les bras croisés », confiait récemment un membre du conseil d'administration de Pôle emploi au journal *Les Échos*. Au final, à peine un tiers des fraudeurs auront finalement été sanctionnés par Pôle emploi. Une suspension de quelques semaines à quelques mois avant que le versement des indemnités reprenne tranquillement son cours.

Compte tenu du besoin de diminuer les dépenses publiques et d'inciter à la reprise d'un emploi, la loi pourrait notamment permettre de baisser la durée d'indemnisation ainsi que le montant de l'indemnité perçue, nettement plus élevés tous deux que dans les pays voisins. L'obligation d'accepter tout emploi quelle qu'en soit la qualification serait excessivement exigeante et douloureuse. On pourrait en revanche revoir le caractère raisonnable des refus au cas par cas.

Le problème n'est pas de savoir si les Français veulent travailler, mais quel emploi ils acceptent de prendre, ou au contraire de ne pas prendre. Et c'est là que le bât blesse, car il faut bien reconnaître que parfois l'emploi n'est que très marginalement plus rémunérateur.

C'est ici aussi qu'apparaît la grande différence avec l'Allemagne, qui a réduit considérablement l'indemnisation du chômage et qui, après une courte période, contraint les chômeurs à prendre tout emploi, même peu rémunérateur, qui leur est offert. *Fördern und fordern* (« inciter et exiger »), voilà le mot d'ordre du système allemand. Chez nous, un salarié doit avoir cotisé quatre mois (de travail) pour ouvrir ses droits au chômage d'une durée de deux ans. En Allemagne, un salarié doit avoir cotisé douze mois pour obtenir les mêmes droits. Ensuite, le salarié allemand menacé de chômage doit s'inscrire comme demandeur d'emploi avant même la fin de son contrat de travail. Son employeur est tenu de l'informer de ses obligations et de le libérer pour rechercher un emploi ou participer à des formations. L'objectif est de permettre au chômeur de retrouver très vite un emploi et d'éviter le recours à l'assurance chômage. Et il doit rester joignable et pouvoir se rendre à l'Agentur für Arbeit chaque jour ouvrable. Enfin, le plus efficace : des périodes d'interruption des droits sont prévues par les textes allemands pour sanctionner les demandeurs d'emploi indemnisés qui ne respecteraient pas leurs obligations. Les motifs admissibles de refus d'offres d'emploi sont extrêmement restreints, et en particulier le fait que le travail proposé procure une rémunération inférieure aux allocations n'est pas une raison valable. Les sanctions sont aussi lourdes en cas de fraude ou de mauvaise volonté puisque les droits sont supprimés, et non pas suspendus comme en France. Après un an de chômage, tout bénéficiaire est contraint d'accepter le travail qu'on lui propose sous peine de perdre 30 % de son aide au premier refus, 60 % au second et la totalité au troisième.

Des mesures inefficaces et coûteuses

Quid du revenu de solidarité active (RSA) ? Le rapport final publié fin 2011 du comité d'évaluation de la mesure conclut à l'impossibilité de mettre en évidence un effet notable de cette allocation sur le taux de retour à l'emploi des bénéficiaires, ni d'ailleurs sur le développement du temps partiel, des contrats courts ou à bas salaires. C'est évidemment une grosse déception pour le système mis en place par Martin Hirsch et dont les causes sont multiples (complexité et illisibilité des effets financiers, refus de l'assistance, pratiques inquisitoriales de l'administration, intérêt limité, parcours administratif rebutant, etc.). Il faut dire qu'il n'existe pas, pour les bénéficiaires du RSA, d'obligation d'inscription à Pôle emploi.

Surtout, au lieu d'un responsable unique comme en Allemagne, compétent à la fois pour l'aide et l'insertion professionnelle, les rôles sont divisés en France entre les Caisses d'allocations familiales, Pôle emploi et les préfectures. Le résultat est l'incohérence totale et l'absence d'efficacité du peu de réglementation existante. Les obligations pesant sur les bénéficiaires restent en fait lettre morte.

98

En France, nous paraissons incapables de passer de l'assistanat à l'insertion professionnelle. Rappelons-le : avec plus de 5 millions de chômeurs, n'est-il pas temps de réviser notre doctrine ? Faut-il rappeler qu'au moment de l'instauration du RSA, les critiques les plus virulentes provenaient de l'extrême gauche, accusant la réforme de promouvoir « une philosophie de l'obligation de travailler » ?

Alors comment sortir de ce blocage ? Une solution serait d'augmenter de 4 à 8 mois de travail la condition d'ouverture des droits, de rendre dégressive l'allocation à partir du 13e mois, de réduire à 18 mois la durée maximale d'indemnisation pour les moins de 50 ans et à 24 mois pour les 50 ans et plus. Mais en priorité, donner une définition et un cadre stricts à l'offre raisonnable d'emploi : qu'un emploi rémunéré à 85 % du salaire antérieur et se situant dans un rayon de 30 km soit considéré comme « raisonnable » dès le premier jour de recherche d'emploi.

N'est-il pas temps de briser ces tabous pour préserver justement le cœur de notre État-providence ?

10.

2 millions de jours de grève par an

« Désormais, quand il y a une grève en France, personne ne s'en aperçoit. » Défiant les syndicalistes lors d'un conseil national de l'UMP sur l'Europe en 2008, Nicolas Sarkozy sous-entendait que la loi sur le service minimum avait enfin permis de mettre fin à la « gréviculture » française tant caricaturée par nos voisins européens. Les bacheliers confrontés à un mouvement de grève des cheminots en plein milieu des épreuves du bac 2014, engendrant stress et retards, partagent-ils ce jugement ? Probablement pas. Les hôteliers et commerçants corses qui ont vu leur chiffre d'affaires s'effondrer en raison des grèves à la SNCM ce même été 2014 sont-ils de cet avis ? Là encore, le doute est permis. En réalité, le nombre de jours de grève est l'un des derniers domaines dans lequel la France occupe encore le haut du classement européen... Une place d'honneur certes, mais il n'est pas certain que les usagers des transports publics régulièrement « pris en otages » par les grévistes, ou les chefs d'entreprise étranglés par la pression syndicale en soient satisfaits.

Exception française toujours, c'est dans le secteur public que les grèves sont les plus nombreuses, signe de cette dérive qui persiste, du moins chez nous. Alors qu'en 1982, le nombre de jours de grève dans le secteur public représentait 5 % du total des grèves, il était de 62 % en 2011. Cette année-là, 648 934 journées individuelles non travaillées ont été comptabilisées pour les fonctionnaires de l'État – il convient d'y ajouter les jours perdus dans les autres fonctions publiques. En tout, privé et public confondus, on peut donc estimer à 2 millions[1] les jours non travaillés pour cause de grève. Une simple estimation toutefois, car l'opacité est de rigueur : il n'existe pas de données récentes sur les journées de grève dans la fonction publique territoriale et dans la fonction publique hospitalière, les dernières données remontent à... 2008.

Un droit inscrit dans notre ADN

Philippe Askenazy, chercheur à l'école d'économie de Paris, avait bien tenté, en 2010, dans le journal *Le Monde,* de démontrer à partir des données statistiques fournies par Eurostat qu'en ce qui concerne le nombre de jours non travaillés pour 1 000 travailleurs, la France était dans la moyenne européenne. Seul problème, deux biais rendent caduques ces comparaisons : contrairement au

---

1. En 2011, 648 934 journées ont été non travaillées dans les ministères (329 jours pour 1 000 employés). Dans le secteur privé, ce chiffre est de 77 jours pour 1 000 employés.

Royaume-Uni, à l'Italie et à l'Espagne, les grèves dans la fonction publique ne sont pas comptabilisées dans les données françaises. Pourtant, en 2011, le nombre de jours de grève des fonctionnaires représentait 62 % du total des absences. Et en 2003, Delphine Brochard, de l'université Paris-I, soulignait pour la Dares l'importance de la sous-évaluation des conflits sociaux au travail. Elle concluait que « le nombre des arrêts de travail pour fait de grève est très largement minoré par les statistiques officielles ».

2 millions de jours de grève par an au moins, donc. Comment lutter contre cette pratique qui décourage employeurs et usagers ? En France, le droit de grève est reconnu par la Constitution depuis le 27 octobre 1946 (« Le droit de grève s'exerce dans le cadre des lois qui le réglementent », alinéa 7 du préambule). Auparavant, il n'était pas reconnu aux fonctionnaires. Non pas que la loi l'interdît expressément, mais cela semblait incompatible avec les nécessités du service public et l'autorité de l'État. Des tentatives de réglementation se font donc jour dès 1947 : quelques lois visent les fonctionnaires de police et les CRS, leur interdisant de faire grève. Le 7 juillet 1950, par la décision Dehaene, le Conseil d'État juge que faute d'une loi applicable, il appartiendra aux chefs de service de réglementer le droit de grève des fonctionnaires... C'était une utopie.

En 1958, l'interdiction s'étend aux services extérieurs de l'administration pénitentiaire et de la magistrature, puis, en 1964, à celui des contrôleurs de la navigation aérienne. Suite à la grève des mineurs de 1963, les gouvernements proposeront et obtiendront la légalisation du dépôt de préavis dans les services publics (loi du 31 juillet 1963). Ils interdiront les grèves tournantes, sauvages et sur-prises. Ils mettent en place le principe du « tan-tième indivisible » qui conduit à retenir une journée sur le salaire pour tout arrêt de travail ne serait-ce que d'un quart d'heure dans la journée. Peu après l'élection de Nicolas Sarkozy à la présidence de la République, la loi du 21 août 2007 instituant un « service minimum » est entrée en vigueur. Malgré des intentions louables (mise en place d'un service garantissant la continuité du service public, négo-ciation obligatoire avant le dépôt de préavis de grève, information préalable des usagers), cette loi n'a pas permis de rééquilibrer le rapport de force.

La grève et ses nombreux avantages

Si dans le secteur privé la confrontation est rela-tivement égalitaire, dans d'autres secteurs, les agents disposent de garanties qui leur permettent de faire grève sans en craindre les conséquences. Ainsi, pour les milliers de voyageurs qui empruntent chaque jour les transports en commun pour se rendre sur leur lieu de travail, chaque retard équivaut à des pertes de salaires ou de jours de congé. Frédéric Gonand, professeur d'économie à l'université Paris-Dauphine, estime que l'impact d'un seul jour de grève dans les transports publics serait de 300 à 400 millions d'euros. L'industrie lourde, dépen-dante du fret, subit de plein fouet ces mouvements sociaux : lors de la grève des cheminots, en juin 2014, l'Union des industries chimiques avait averti qu'en raison des grèves « plusieurs entreprises » se trouvaient « dans une situation très critique ».

Alors, pour masquer ces défaillances répétées, la SNCF s'emploie à distraire ses usagers. Et là, elle ne manque pas d'imagination. En mars 2014, les usagers de la gare de Saint-Denis ont eu droit au « projet Zen » qui leur a offert un concert de piano. Toujours sur un registre musical, la ligne de transilien H célèbre ses ténors et ses divas en juillet 2014. Sans oublier la distribution de paniers fraîcheur, de café, de collations voire d'une proposition de train direct pour une ville touristique du Val-d'Oise. Mais le transilien n'est pas un train de tourisme, juste un moyen de se déplacer. De plus, tous savent que le coût de ces opérations sera prochainement inclus dans la hausse de leur titre de transport. Et ce, d'autant que les mouvements sociaux du printemps 2014 ont entraîné deux semaines de perturbations, laissant des centaines de milliers de personnes dans l'embarras : retard au travail, retard à la crèche, rendez-vous manqués, candidats au bac stressés, sans compter l'inconfort provoqué par l'entassement des voyageurs debout dans les trains disponibles. Ces voyageurs captifs ne peuvent s'exprimer auprès des personnels de la SNCF, puisque ceux qu'ils rencontrent sont ceux qui travaillent, les grévistes étant à l'écart des usagers, dans les locaux réservés aux syndicats.

À l'opposé, les menaces qui pèsent sur les grévistes sont minimes, ces derniers étant protégés par leur statut. Pire, si le principe veut que les jours de grève ne soient pas rémunérés, dans les faits, des arrangements existent afin de ne pas pénaliser vraiment les salariés contestataires : ce serait trop dur de faire grève et, en plus, d'être sanctionné financièrement ! Comme l'indique Stéphanie Lecoq, experte en droit social à l'Institut supérieur du travail, la question du paiement des jours de grève est cruciale et « va faire partie des discussions lorsque les syndicats vont négocier l'accord de fin de conflit avec la direction de l'entreprise. [...] Quand les centrales syndicales sont très fortes, comme c'est le cas à la SNCF, le protocole pourra prévoir le paiement partiel des jours[1] ». Si l'on peut se réjouir que depuis 2010, Guillaume Pepy fasse preuve de fermeté en ne payant plus les salariés grévistes, cela signifie quand même que jusqu'à cette date récente, ils obtenaient une compensation : un comble.

Le rapport de force ? Il est tellement déséquilibré que les agents sous statut peuvent, en toute impunité, illégalement, faire usage de leur droit de grève. Concernant les cheminots, le droit de retrait est l'arme de tous les excès : le 21 janvier 2014, un contrôleur a été agressé par un voyageur sommé de cesser de fumer. Le lendemain, les cheminots ont fait valoir leur droit de retrait, ce qui a provoqué un arrêt de travail généralisé à la gare Saint-Lazare, en perturbant, toute la seconde partie de la journée, le trafic pour 150 000 voyageurs acheminés le matin mais incapables de revenir le soir.

Qu'est-ce que le droit de retrait ? Il est défini par l'article L. 4131-1 du code du travail : « Le travailleur

---

1. *Le Figaro*, juin 2014.

alerte immédiatement l'employeur de toute situation de travail dont il a un motif raisonnable de
penser qu'elle présente un danger grave et imminent
pour sa vie ou sa santé ainsi que de toute défectuo-
sité qu'il constate dans les systèmes de protection. »
Autant dire qu'il laisse un champ large à l'interprétation et se révèle propice à toutes les dérives. Dans
le cas des agressions à la SNCF, il est systématiquement invoqué, à tort, car... invoqué après dispari-
tion du danger. Pour autant, ces excès ne sont pas
condamnés : la réaction du président de la SNCF,
Guillaume Pepy, laisse d'ailleurs rêveur. Elle consiste
à proposer que, dans ces cas d'agression, l'arrêt de
travail soit limité à une heure symbolique. « Il faut
tenir compte du sentiment d'émotion. Les cheminots ont des tripes, ils sont comme tous les salariés...
Mais en même temps, il n'y a aucune raison de
pénaliser des centaines de milliers de personnes. »
Les voyageurs aimeraient bien qu'on se préoccupe
aussi de leurs « émotions » !

Encadrer la grève ?

Afin de rééquilibrer le rapport de force entre les
grévistes et les employeurs, l'Australie a décidé de
créer en 2008 le Fair Work Australia, un tribunal
arbitral spécialisé dans la résolution des conflits du
travail. Pour commencer, il faut indiquer que la loi
australienne oblige les signataires d'un accord d'entreprise à prévoir une méthode de résolution des
litiges issus du travail. Dans ce cas, ce tribunal est
investi de pouvoirs légaux, et notamment de média-

tions ou conciliations obligatoires, avec la possibilité de donner des injonctions, dont celle d'imposer aux parties un délai, généralement de trois semaines, pour s'entendre, faute de quoi le tribunal peut prendre des décisions exécutoires. Cette méthode de résolution des litiges permet d'assurer une balance plus équilibrée entre les intérêts en présence. En 2011, lorsque la compagnie aérienne Qantas, excédée par un conflit rampant lui ayant déjà fait perdre 50 millions d'euros, décide d'annuler l'ensemble de ses vols dans le monde entier, le gouvernement australien réagit immédiatement. Dès le lendemain, après une audience de 14 heures tout de même, la grève s'achève. Un dispositif qui aurait pu être utile lors des 13 jours de grève des pilotes d'Air France en septembre 2014, dont l'impact financier – 500 millions d'euros – place la compagnie en difficulté et révolte son partenaire hollandais KLM.

On peut penser qu'une telle procédure de résolution permettrait aussi d'interdire ce que Guillaume Pepy a qualifié – avec son sens habituel de la formule – de grèves « Réveillon ». Elles seraient, selon lui, « principalement déclenchées par le syndicat Sud-Rail depuis plusieurs années pour permettre aux agents de passer les fêtes dans leur famille ». Ainsi, à Metz, le 20 décembre 2013, un préavis de grève SNCF reconductible fut déposé par ce syndicat : en choisissant de ne pas travailler du 24 au 26 décembre et du 31 décembre au 2 janvier, les employés grévistes se sont assurés de passer les fêtes de fin d'année en famille. On est heureux pour eux.

Comment lutter contre une pratique à laquelle beaucoup semblent s'être résignés ? En étant ferme, très ferme. Au Royaume-Uni où, depuis 1982, les grèves politiques et de solidarité ne sont plus protégées par la loi, les syndicats sont susceptibles d'être condamnés y compris à des dommages et intérêts s'ils appellent à une grève illégale. Une telle législation a permis d'éviter les abus des syndicats. En France, aller jusqu'à de telles extrémités paraît impossible. Jusqu'à quand ?

Fin 1995, à la suite de la volonté affichée du gouvernement Juppé de réformer les régimes spéciaux de retraite, une grève nationale fut déclenchée, assortie d'une énorme manifestation dans Paris. Pour acheminer ses troupes de province dans la capitale, la CGT décida d'affréter des trains entiers de la SNCF. La très lourde facture, plusieurs centaines de milliers de francs, n'étant pas réglée après plusieurs mois, les dirigeants de l'entreprise publique firent appel aux tribunaux. La CGT, condamnée, n'a jamais payé sa dette. Il faut dire que le code du travail prévoit que « les meubles et immeubles nécessaires aux syndicats professionnels pour leurs réunions, bibliothèques et formations sont insaisissables ». Au sens large, les « meubles » incluent les comptes bancaires. Quant aux immeubles, ils sont tous « nécessaires ». Et on sait que les syndicats sont de riches propriétaires fonciers.

À l'opposé, nos voisins allemands comptabilisent environ 600 000 jours de grèves par an et n'autorisent plus, depuis 1997, près de 35 % des salariés du secteur public à faire grève. Et la grève dans le privé n'est légale que si elle porte sur les conditions de travail définies dans les conventions d'entreprise ou de branche. Toute grève politique contre des lois votées au Parlement ainsi que toute grève de solidarité peuvent être sanctionnées par une mesure de licenciement. En troisième lieu, l'exercice du droit de grève est enserré dans des procédures extrêmement strictes, pour des durées très limitées et pour une partie seulement du personnel. Enfin, les statuts des syndicats prévoient généralement que ceux-ci s'engagent à rémunérer leurs syndiqués grévistes sur les fonds de leurs caisses de grève.

Il apparaît évident qu'en l'état actuel des choses, limiter le droit de grève pour les agents en charge d'une mission de service public, quel que soit leur statut – public ou privé –, est devenu une nécessité en France. La limite économique à l'exercice de ce droit est principalement la crainte de détruire son emploi ; or, elle ne fonctionne pas lorsque celui-ci est garanti par un statut et que la charge de supporter les conséquences économiques de la grève est, de fait, reportée sur le seul contribuable. Dans le privé, il faut mieux encadrer la grève, afin d'éviter les grèves « otages » où une minorité parvient à bloquer l'activité de l'entreprise. L'idée serait de n'autoriser une grève que si elle est approuvée par 50 % des effectifs. À titre d'information, il faut savoir qu'en France le taux moyen d'approbation d'une grève dépasse rarement les 15 % aujourd'hui.

Combien de temps pouvons-nous encore tolérer ce scandale ?

11.

915 138 enseignants

Notre Éducation nationale est un autre secteur malheureusement touché par de terribles dérives. Elle se caractérise pourtant par une incroyable concentration de moyens financiers et d'effectifs (que l'on augmente d'année en année) et ce, alors que nous stagnons aujourd'hui dans une situation qui ne satisfait plus personne, ni élèves, ni parents, ni enseignants.

Les ratios moyens sont les suivants : on compte un enseignant pour 14 élèves et un établissement scolaire pour 201 élèves, ce qui est très éloigné de l'image des classes surchargées et des professeurs débordés qu'on nous vend sans cesse. D'où provient ce décalage ? La Cour des comptes indique que « le ministère de l'Éducation nationale ne souffre pas d'un manque de moyens budgétaires ou d'un nombre trop faible d'enseignants, mais d'une utilisation défaillante des moyens existants ». Mais, avant de reconnaître cela, il faudrait déjà vouloir sortir des annonces électoralistes. Bref, la France ne souffre pas d'un manque d'enseignants, loin de là, et si les 60 000 postes créés par François Hollande

coûteront bien 5 milliards d'euros sur le quinquennat, l'addition totale (carrière et retraite) est, elle,
de 135 milliards d'euros !

Qui connaît vraiment le nombre d'enseignants
en France ? Apparemment personne. Car l'actuel
décompte fait par le ministère de l'Éducation nationale est peu fiable. En 2013, la Cour des comptes
faisait ce douloureux constat : « La Cour a cherché
à établir avec précision le nombre d'enseignants
du 1er et 2nd degré […] : elle s'est heurtée à une
difficulté dont elle s'étonne. » La Cour donne finalement un nombre de 851 291 ETP (Équivalents
temps plein en heures travaillées annualisées) en
2011. Qui sont ces mystérieux ETP ? Des agents
« théoriques » à temps plein… sauf que le ministère,
pour la même année, comptabilise 859 294 effectifs
physiques.

En réalité, entre effectifs physiques et théoriques,
la fonction publique accuse une marge d'erreur de
8 % en moyenne. Cela revient à dire que les enseignants seraient en réalité 915 138, un chiffre qui
semble bien plus réaliste. À cela viennent s'ajouter
près de 70 000 enseignants du supérieur. Et plus
de 177 400 personnels non enseignants (assistants
d'éducation…). Sans oublier 24 100 fonctionnaires
au niveau central (ministère et académies) et encore
95 000 agents techniques, ouvriers et services des
collectivités territoriales qui travaillent dans les
écoles. Soit environ 1 281 638 agents pour 12,6 millions d'élèves.

Des maths appliquées

La première difficulté à régler, c'est celle de la gestion défaillante de la masse salariale des enseignants : 49,9 milliards d'euros, soit 17 % du budget de l'État. Vu les enjeux financiers, le contribuable pourrait s'attendre à une gestion exemplaire des enseignants. Seulement voilà, « les principes de gestion du ministère n'ont pas évolué depuis le milieu du XXe siècle et ne permettent pas au système éducatif de relever les nouveaux défis auxquels il est confronté. Ils ont même des effets contraires aux objectifs affichés », nous explique la Cour des comptes. Le problème est rendu encore plus complexe par les statuts, inchangés depuis 1950. Un carcan qui bloque la mobilité : en 2012, 20 % des enseignants du second degré ont demandé une mutation mais seulement 2 % d'entre eux l'ont obtenue. Une situation qui entraîne certaines pratiques de contournement : une simple recherche sur Internet permet de trouver des annonces pour « PACS blanc » dans des académies ciblées. Plus facile alors d'obtenir sa mutation dans les Dom-Tom.

Difficile de résister à la bonification de 40 à 50 % du salaire, des congés et frais de transports remboursés à 80 % par l'État, de la prime spécifique d'installation (16 mois de rémunération de l'agent, versés en trois fois) aux plages tahitiennes et à la valorisation des retraites de près de 75 % qui les accompagnent. Mais nos enseignants en poste en métropole ne sont pas à plaindre non plus : particulièrement avantagés par les statuts, on trouve les enseignants du second degré qui représentent près de la moitié des effectifs. Leur temps de travail est de 15 heures par semaine pour les professeurs agrégés, et de 18 heures pour les non-agrégés (notamment les professeurs certifiés) pendant 36 semaines dans l'année. Soit respectivement 540 heures et 648 heures de travail devant les élèves (mais qui comprend également les temps de récréation, les semaines de stages des élèves, les fermetures de classe pour préparation du baccalauréat...) contre une moyenne de 710 heures dans l'OCDE et contre un service annuel de 1 607 heures dans le reste de la fonction publique. Annualiser le temps de travail, comme cela se fait à l'étranger, permettrait une flexibilisation de l'emploi du temps des enseignants, libres de s'organiser de semaine en semaine, avec les chefs d'établissement. Mais certains syndicats défendent encore le calcul du temps de travail hebdomadaire, pourtant peu flexible et propice aux dérogations.

D'autant que ce service annuel est encore allégé par les nombreuses décharges de service telles que l'heure de « première chaire » ou, pour les professeurs d'histoire-géographie, l'heure « au titre de l'entretien des cabinets de matériel historique et géographique » alors que ces derniers n'existent presque plus. Un décret dit Robien – du nom du ministre de l'Éducation nationale de l'époque – du 12 février 2007 avait bien abrogé les décrets de 1950, mais il a été abandonné quelques mois plus tard sur ordre de l'Élysée. Pourtant, augmenter le service de tous les professeurs des collèges et lycées avec une obligation de cours portée à 20 heures par semaine reviendrait à économiser l'équivalent de 47 000 postes d'enseignants.

Autre moyen d'optimiser les effectifs et de réduire la masse salariale : généraliser la polyvalence des enseignants. Ceux de l'école primaire et ceux des lycées professionnels sont polyvalents ou bivalents alors que les professeurs des lycées et collèges ne peuvent enseigner qu'une seule matière (hormis pour l'histoire-géographie et les lettres classiques où cela ne semble curieusement pas poser de problème !). Un handicap terrible et une anomalie quand on sait que les Britanniques et les Allemands doivent pouvoir transmettre plus d'une matière (jusqu'à cinq dans certains Länder[1]), l'idée étant de faciliter ainsi le remplacement des absences. Pire, en France, le lauréat de deux Capes ou d'agrégations est contraint de choisir la matière qu'il enseignera et d'abandonner l'autre.

Instruction défaillante

Curieusement, le temps de formation est pris en priorité sur le temps d'enseignement. Si la formation continue est essentielle dans une carrière d'enseignant, elle ne doit être en aucun cas prise sur le temps dû aux élèves. Les stages longs devraient être organisés sur les petites vacances et en fin de grandes vacances. Rien ne s'oppose réglementairement à ce que la formation continue soit largement

---

1. Nom des régions en Allemagne.

« sortie » des heures de cours. Autre anomalie signalée : les remplacements ne sont effectués que si les absences dépassent 15 jours... ainsi une classe peut être privée de professeur plusieurs mois, à cause du renouvellement d'absences de moins de 15 jours chacune. Il existe peu de chiffres comparables sur l'absentéisme des enseignants mais l'on sait tout de même que pour l'académie de Paris, dans le premier degré, l'absentéisme est de 6,9 % dans le public contre... 3,2 % dans l'enseignement privé sous contrat.

Temps de travail, polyvalence, formation... Une véritable réforme du statut devra surtout s'attaquer à l'épineux sujet du concours qui est plus déterminant, aujourd'hui, pour la rémunération de l'enseignant que révélateur de ses capacités. En effet, qu'est-ce qui justifie qu'un agrégé, au prétexte qu'il a réussi l'agrégation à la fin de ses études, donne moins d'heures de cours que les autres et qu'il bénéficie d'une meilleure progression salariale ? La porte d'entrée dans la fonction enseignante n'est pas une évaluation de la capacité à transmettre mais un simple contrôle de connaissances.

Or, le concours marque l'intronisation dans la fonction publique et l'emploi à vie pour l'enseignant dont la carrière est ensuite entièrement gérée par l'académie. La notion de performance est ainsi quasiment absente. En effet, leur progression salariale se détermine en fonction de l'ancienneté, alors qu'elle devrait prendre en compte plusieurs facteurs essentiels de leur travail : le niveau de difficulté du contexte professionnel, le nombre d'heures réelles devant les élèves, la charge de responsabilités au sein des établissements, etc. Hélas, le système ne fait rien pour encourager les enseignants talentueux. Tout est fait, au contraire, pour les décourager : pour preuve, la meilleure progression de carrière possible n'offre que 16,4 % de rémunération en plus en quarante ans de carrière, par rapport à la plus mauvaise progression de carrière possible !

On ne peut pas continuer à étalonner le niveau par le bas. Il est essentiel de réformer rapidement ce statut en acceptant, notamment, de confier la gestion de la masse salariale des enseignants à l'échelon local, les académies étant trop éloignées pour constater les besoins locaux. Aujourd'hui, de nombreux exemples de dysfonctionnements existent. Ainsi à Vénissieux, les élèves de CM1 ont souffert de l'absence d'un professeur non remplacé pendant plus de la moitié de l'année scolaire ; dans la commune de Travu, en Corse, une classe de CP-CE1 a connu 14 remplaçants différents durant deux années scolaires et la solution proposée par l'inspection académique aura été d'affecter temporairement un professeur de maternelle à cette classe... privant une nouvelle classe de maternelle d'enseignant. À Saint-Marcel, en Saône-et-Loire, les parents d'élèves ont découvert en mai 2014 que le directeur de l'école Desbois partait à la retraite. Ils ont aussi découvert, par la même occasion, que le directeur s'appelait en réalité M. Desnojean – un homme qu'ils n'avaient jamais rencontré puisqu'il bénéficiait d'une décharge syndicale totale –, et non pas M. Lémond qui faisait office de directeur « faisant fonction ». Une situation temporaire qui a finalement duré cinq ans. Et quand les parents ont demandé que M. Lémond devienne officiellement le directeur de l'école, l'académie de Dijon a répondu que le « faisant fonction » n'était pas prioritaire dans la désignation ! Face à ces dérives, nous sommes en droit de nous demander sur quels critères les rectorats et les directions académiques prennent ces décisions.

Des dépenses illimitées

Le système éducatif français est unique. Unique puisque, malgré les vagues de décentralisation, tout reste très centralisé avec une division des tâches que l'on ne retrouve dans aucun autre pays du monde : l'État pilote et gère les programmes et les enseignants, les collectivités emploient le personnel technique, les régions sont chargées de l'entretien des lycées, les départements de l'entretien des collèges et les communes de l'entretien des écoles. Pourquoi ? Probablement pour que tout le monde se sente un peu impliqué mais c'est toujours l'État qui décide, qui finance, et les collectivités qui assurent la maintenance des bâtiments. Résultat, « on paie pour les doublons. [...] On se déplace de 30 km et on retrouve des équipes qui assument les mêmes fonctions dans deux départements différents ». Voilà comment Martine Daoust, ancienne rectrice de l'académie de Poitiers, décrit la situation sur le terrain.

Ce mille-feuille éducatif a logiquement un coût grandissant du fait de son éparpillement ; jusqu'à 81,6 milliards d'euros versés par l'État en 2011 et

34,1 milliards par les collectivités. Et entre 2003 et 2012, les « dépenses annexes » (restauration, hébergement, orientation administration générale...) ont, quant à elles, augmenté de 3,9 milliards d'euros. Les dépenses de l'Éducation nationale ne sont pas rationnées et sont même plus importantes dans le public que dans le privé. Le problème ? Il se situe au niveau de la lisibilité des actions : entre les académies, les régions, les services académiques départementaux, les départements, le ministère à Paris et les 36 769 communes, on compte (sans inclure les établissements scolaires) près de 37 000 entités différentes qui interviennent à un moment ou à un autre. Réduire le nombre d'acteurs doit permettre, à la fois, d'en simplifier la gestion et de réaliser des économies substantielles.

Comme en Allemagne, les régions devraient piloter la politique éducative et les communes gérer les établissements et tout le personnel y compris les professeurs. À l'heure actuelle, les maires ne sont considérés que comme des exécutants et appliquent les décisions prises à Paris. Comme au Royaume-Uni, l'État devrait garder ses compétences pour la fixation des programmes, la passation des contrats avec les établissements privés et les évaluations sur l'ensemble du territoire, avec un renforcement des contrôles à tous les stades et pour tous les acteurs.

Il s'agit d'une réforme profonde et qui doit se faire au moment d'une vaste réorganisation territoriale et d'une révision complète du statut des enseignants. Une réforme difficile mais essentielle, étant donné les enjeux budgétaires et le constat qu'il faut bien dresser : les performances ne sont pas à la hauteur des sommes dépensées et, pire, baissent d'année en année.

Un véritable bonnet d'âne pour l'Hexagone dont on pourrait pourtant se débarrasser avec un peu (beaucoup) de courage...

12.

1 244 agences publiques

Avec 850 000 visiteurs en moyenne par an, 850 km de pistes cyclables et 13 offices de tourisme, le Marais poitevin est l'un des endroits les plus appréciés par les Français. À tel point que l'État a décidé de protéger les canaux verdoyants de cet éden bucolique en créant, en 2010, une structure spécifique : l'Établissement public du Marais poitevin. Sa mission est de préserver les zones littorales pour en assurer l'équilibre écologique. Parfait. Mais inexplicablement, d'autres agences[1] assurent, elles aussi, la protection des rivages éthérés de la région. Ainsi, ce sont en tout six concurrentes malgré elles qui s'occupent de 100 000 hectares, chaque hectare administré coûtant approximativement un quart de million d'euros aux contribuables. Quel gaspillage !

---

1. Le Conservatoire de l'espace littoral et des rivages lacustres, les directions départementales des territoires des Deux-Sèvres, de Charente-Maritime et de Vendée, les directions régionales de l'environnement, de l'aménagement et du logement du Centre, du Poitou-Charentes et des Pays de Loire, ou encore l'agence de l'eau Loire-Bretagne.

1 244 agences[1] pour 442 830 agents : c'est, semble-t-il, le mille-feuille que constituent les opérateurs de l'État selon les calculs de l'Inspection générale des finances, ce qui est déjà deux fois plus qu'initialement prévu. Début 2013, un rapport confidentiel sur les agences de petite taille est demandé au Contrôle général économique et financier afin d'en établir une liste exhaustive. Le plus intéressant réside dans ce qui n'apparaît pas dans le rapport « expurgé de la liste détaillée des organismes proposés pour l'évaluation ». L'omerta règne sur les opérateurs et, plus particulièrement, sur ceux de petite taille. À coup sûr, pour ne pas ébruiter le fait que certaines agences de l'État n'emploient pas plus de deux fonctionnaires ou que des dotations se dirigent vers des opérateurs fantômes sans que personne dans l'administration ne sache où part l'argent.

Alors que les agences ont été créées pour faciliter l'autonomie et la souplesse de la gestion publique dans un cadre contractuel, elles apparaissent bien souvent comme de nouvelles formes de bureaucratie prospérant à la marge des administrations traditionnelles. Comment expliquer leur prolifération en période de soi-disant baisse des dépenses ?

Une utilité plus que douteuse

À quoi servent les agences ? À mettre en place un subtil jeu de vases communicants. Explication : alors que l'État avait annoncé avoir économisé

---

1. Voir annexe 9.

200 millions d'euros sur sa masse salariale en 2013 en procédant à une réduction de 6 % de ses effectifs dans les ministères, ces agences ont vu, quant à elles, leurs effectifs augmenter de 6,1 % entre 2007 et 2012. Elles servent donc à « récupérer » les fonctionnaires qu'on exfiltre des ministères avec, au passage, un salaire souvent plus élevé (de l'ordre de 5 %).

Non seulement ces établissements coûtent très cher aux contribuables, mais pire, ils sont parfois rendus inutiles par le jeu des doublons, ou par l'obsolescence de leurs missions. D'autres permettent par ailleurs de réaffecter des amis politiques ou des hauts fonctionnaires à chaque alternance politique. Un exemple en est fourni par l'Agence de financement des infrastructures de transport en France. En effet, cet opérateur de l'État a été jugé « inutile » par la Cour des comptes, à tel point que cette dernière n'hésite pas à préconiser sa suppression pure et simple. Il faut dire que son travail est déjà effectué par la direction générale des infrastructures, des transports et de la mer. Dans ces conditions, comment expliquer que le directeur de l'agence, autrefois bénévole, bénéficie depuis 2005 (par décret) d'une rémunération de 3 500 euros par mois ? Mais il y en a bien d'autres !

Qui connaît l'Agence de développement de la culture kanak ? Évidemment personne. Dans les faits, elle est censée développer la culture calédonienne : en réalité, c'est une entité fantôme, aussi bien pour sa capacité à drainer les foules que pour son impact culturel. Effectivement, le centre cultu-

122

rel Tjibaou attire chaque année 68 000 personnes pour un prix de construction – payé à 99 % par l'État français – de 50 millions d'euros. Dans une perspective d'efficacité, il faudrait 920 années pour l'amortir intégralement. À quoi sert le Centre technique du livre de l'enseignement supérieur ou le Service culture, éditions, ressources pour l'Éducation nationale ? Rassurez-vous, même chez les principaux intéressés – 46 % des enseignants –, cette entité apparaît comme « mystérieuse » tandis que seulement 29 % d'entre eux déclarent lire ses travaux.

Il existe aussi des agences dont la mission semble pour le moins désuète, à moins de considérer que la défense de l'exception culturelle française s'impose comme un combat à gagner au sein de l'administration elle-même ? Ainsi en est-il de la Commission générale de terminologie et de néologie de l'informatique et des composants électroniques, pilotée par un prestigieux universitaire : Marc Fumaroli et ses 28 membres se chargent de trouver une correspondance à tout mot étranger qui essaierait de s'immiscer insidieusement dans la belle langue de Molière. À noter que dans chaque ministère, un correspondant, haut fonctionnaire en charge de la terminologie, est chargé d'assurer « le suivi du travail ». Dès lors, les fonctionnaires se doivent d'employer « toile d'araignée mondiale » à la place de « world wide web » (www.), « témoin de connexion » en lieu et place de « cookie », ou « fouineur » (!) à la place de « hacker ». Enfin, au royaume des doublons, la Santé est reine puisqu'elle regroupe pas moins de cinq entités, toutes chargées de la même mission : dresser des recommandations aux établissements socio-médicaux[1].

Bref, en recoupant les périmètres administratifs des opérateurs, on remarque que 427 agences ont exactement le même champ d'action et ce, sans parler des organismes spéciaux chargés de surveiller... les contrôles ! Le groupement d'intérêt public Pulvès est, par exemple, chargé d'animer et de coordonner les actions liées aux contrôles obligatoires des pulvérisateurs alors même que l'administration pourrait simplement exercer un contrôle plus diffus. En 2010, on dénombrait ainsi 150 groupements d'intérêt public. La mission sur les petites agences diligentée par le Contrôle général économique et financier en a dénombré 370 en mars 2013 !

Le grand train de vie des agences

Mais l'anomalie principale provient des budgets de certaines agences, puisqu'en conjuguant ressources propres et subventions étatiques, celles-ci ne sont pas contraintes de respecter le célèbre équilibre comptable ressources-emplois. La réalité est exactement inverse, tout déficit potentiel étant susceptible d'être comblé par une dotation de

---

1. Les agences régionales de santé, le Centre national de gestion, la Haute Autorité de santé, l'Agence nationale d'appui à la performance des établissements de santé et médico-sociaux et l'Agence nationale de l'évaluation et de la qualité des établissements et services sociaux et médicaux.

l'État. Inversement, elles auront tendance, en cas de « bénéfices », à négocier à la hausse leur subvention alors qu'elles n'en ont aucun besoin, et à reporter cet excédent sur l'exercice suivant. Une abondance de ressources qui permet ainsi de dépenser sans véritable contrôle.

À ce titre, leurs budgets ont augmenté de 15 % en cinq ans. D'ailleurs, la fiscalité qui leur est affectée a augmenté de plus de 28 % entre 2007 et 2011 contre 7 % pour l'ensemble des prélèvements obligatoires, soit quatre fois plus, ce qui confirme que le contribuable est le grand perdant du phénomène. En 2012, les agences bénéficiaient de 10 milliards d'euros de taxes dédiées[1]. Cependant, toutes ne sont pas logées à la même enseigne : celles financées par des taxes ont vu leurs effectifs augmenter de 10,4 % entre 2007 et 2012 pendant que les opérateurs subventionnés par des dotations budgétaires ont connu une hausse moindre de 4 %.

Sur cette même période, l'État, quant à lui, a vu ses effectifs baisser de 5,8 %. Conclusion : les agences font fructifier leur trésorerie. Le fonds de roulement – fonds dont une agence dispose pour financer son activité – des 300 plus grandes agences a ainsi crû de plus de 27 % en cinq ans pour passer de 8,3 à 10,5 milliards d'euros. Une mécanique perverse est alors enclenchée : les agences plaident sans cesse – et avec succès – pour la hausse de leurs taxes en déjouant *in fine* les contrôles.

---

1. À rapprocher de près de 309 taxes affectées au total (112 milliards de recettes).

125

À tel point que certaines roulent sur l'or en accusant des trésoreries largement excédentaires, tran-
chant avec la situation de l'État. C'est le cas, par
exemple, du Centre national du cinéma qui est
financé par six taxes différentes (taxe sur les tickets
de cinéma, sur les locations de vidéos, sur les édi-
teurs et les distributeurs de services de télévision...).
Cela constitue une double peine pour les chaînes
de télévision privées qui doivent s'acquitter de la
taxe sur les services de télévision et d'une obligation
de production d'œuvres audiovisuelles. En conséquence, le CNC a vu ses ressources propres augmenter de près de 46 % entre 2007 et 2011 pour
dégager une trésorerie excédentaire de 789 millions d'euros. Or, le principe d'unité de trésorerie
– les établissements publics sont tenus de déposer
au Trésor toutes leurs disponibilités – est en réalité
paralysé par l'absence d'unité de caisse (si l'argent
travaille pour l'État, l'organisme dispose en réalité
d'un sous-compte qui lui permet d'utiliser ses disponibilités comme bon lui semble).

La nécessaire responsabilisation

Le chevauchement des compétences, l'autonomie
excessive et des projets développés sans validation
des ministères créent finalement une dispersion des
efforts qui a un coût considérable pour l'assujetti
français : 100 milliards d'euros de budget par an.
Le paysage des administrations publiques indépendantes doit donc être redessiné d'urgence par des
suppressions, des fusions et une restructuration de

leurs statuts. À l'étranger, le recentrage des activités de l'État traduit la volonté d'une clarification des compétences. À ce titre, dès 1999, le gouvernement italien décidait de fusionner tous les services déconcentrés de l'État en un organisme unique par province. Les rémunérations sont désormais perçues en fonction des responsabilités et des performances. Au Royaume-Uni, le National Audit Office exigeait dès 2011 la suppression de plus de 262 administrations publiques indépendantes, permettant à l'État d'économiser presque 2,6 milliards de livres. Les suppressions devaient être pratiquées dans l'éducation, la santé et l'aménagement du territoire, ce qui est justement très intéressant pour la France qui souffre des mêmes symptômes de mauvaise gouvernance.

Chez nous, l'idée serait de limiter le nombre total d'agences à 800 au maximum. Mais comment ? Toute proximité et complémentarité des agences en termes de savoir-faire ou de missions communes doit inciter à une fusion. Les autorités administratives indépendantes devraient être soumises à l'utilisation d'une comptabilité d'exercice assortie de l'obligation d'établir des bilans en termes de pertes et de profits. Objectif : avoir des modes de décision calqués sur le résultat financier.

Les *trading funds* britanniques peuvent aussi nous inspirer : véritables bras armés de l'État, ils n'ont pas vocation à engranger des profits mais doivent se comporter comme une entreprise privée dans une logique d'efficacité. En définitive, l'enjeu n'est pas seulement dans les fusions de toutes ces agences mais il se situe surtout dans les limites à mettre à leur autonomie de gestion : interdiction temporaire de recruter, plafond d'emplois, gestion de la trésorerie et du patrimoine, plafonnement des taxes affectées, tout en les poussant à développer des ressources propres.

L'idée ? Que l'État soit le « barreur » et non le « rameur ». Or, pour l'instant, pas de doute : on rame.

TROISIÈME PARTIE

COMPLEXITÉ

13.

400 000 normes, 10 500 lois, 127 000 décrets...

« Nul n'est censé ignorer la loi. » Pourtant, le stock de normes est évalué à 400 000, parmi lesquelles 10 500 lois et 127 000 décrets répartis dans 62 codes différents. Et cela, chaque justiciable devrait le connaître ! Au mieux, les contradictions entre les normes justifieraient une certaine clémence de l'administration. D'autant que cette dernière n'est elle-même souvent pas au courant de la réglementation applicable. Au pire, leur accumulation devient nuisible sur le plan économique.

Que dire de la loi grotesque qui réglemente la quantité d'œufs durs (et de nuggets) qu'un enfant peut manger par jour à la cantine et en fonction de son âge ? 80 pages rédigées à la suite de réunions menées par 52 hauts fonctionnaires et signées par 10 ministres de la République et ce, sans qu'aucun contrôle ne soit organisé dans les cantines. On peut aussi parler des normes sismiques qui régissent la construction... au Mans ! Le ministère de l'Écologie, du Développement durable et de l'Énergie reconnaît finalement que ces normes représentent un surcoût de 1 à 5 % pour chaque nouvelle construction. Ou encore le diplôme national que doit valider chaque agent assurant un service funéraire : 8 heures de cours sur la psychologie et la sociologie du deuil obligatoire. Voilà le podium de quelques-unes des lois absurdes dressé par Alain Lambert et Jean-Claude Boulard en guise d'introduction à leur rapport de la mission de lutte contre l'inflation normative, rendu en mars 2013.

Au côté des lois absurdes, on trouve aussi toutes les lois de circonstance à la rédaction trop rapide, mal ficelées et généralement inapplicables dans les faits. Non pas que nos élus soient réellement soucieux de leur suivi. Elles servent simplement à rassurer l'opinion et à faire croire que les problèmes sont réellement pris à bras-le-corps. Dernier exemple en date : le décret « Alstom vs Montebourg », rédigé et publié à la hâte le 15 mai 2014, qui a étendu à l'énergie et aux transports le mécanisme de protection des activités « stratégiques » contre les investisseurs étrangers. Faute d'interprétation fine, ce décret s'applique aujourd'hui à l'intégralité des ventes d'actifs liés à l'énergie (y compris renouvelable) qui impliquent un acheteur étranger. La procédure d'autorisation – tacite – retardera ainsi les projets quand elle ne provoquera pas tout simplement leur annulation.

On retrouve ensuite toutes les lois éponymes qui récompensent le carriérisme du personnel gouvernemental. Car attacher son nom à une loi reste le meilleur moyen pour un ministre de perdurer dans l'histoire de la République. Il y a ensuite les lois inspirées par l'administration : ainsi, en matière fiscale, 98 % des lois émanent des services fiscaux eux-mêmes.

132

Au final, si l'on compare le volume annuel du *Journal officiel* dans les années 1980 et celui d'aujourd'hui, le constat est flagrant : 15 000 pages en 1980 contre 23 000 aujourd'hui. À l'empilement et aux dérives s'ajoute donc une effroyable complexité.

Une – folle – usine à gaz

Les domaines les plus dynamiques du droit ? À la première place, le droit de l'environnement, puis le code général des impôts (modifié 10 à 20 fois annuellement, son volume a presque doublé entre 1990 et 2000, passant de 2 500 à 4 000 pages), le code du travail mais également le droit de l'urbanisme et de la construction avec notamment la loi Alur sur le logement dont les 177 articles votés en 2013 ont été remis en cause deux mois seulement après sa promulgation ! Un phénomène aggravé par la tentation politique de défaire ce qui a été fait par la précédente majorité. Faire, défaire, soit, mais aussi refaire. C'est ainsi qu'en mars 2012, au moment du vote de la loi intitulée « simplification du droit et allégement des démarches administratives » (!) qui devait notamment simplifier la fiche de paie et mettait en place un délai de réponse raccourci pour l'administration (procédure du « rescrit »), François Hollande défendait une motion de rejet conduisant la loi à un enterrement de première classe. Deux ans plus tard, le même, devenu Président, préconisait : « Le rescrit qui existe en matière fiscale, et qui va d'ailleurs être encore amplifié, peut être généralisé à d'autres domaines. »

En 2007 déjà, alarmé par le phénomène, Alain Lambert, ancien ministre UMP du Budget, avait créé une Commission consultative d'évaluation des normes. Cette commission, entrée en fonctions en septembre 2008, avait une immense ambition : l'évaluation des conséquences financières des textes ayant un impact sur les collectivités territoriales. Une institution bienvenue mais qui, en faisant la part belle aux élus locaux (15 pour 7 représentant l'État) est devenue obsolète puisqu'en cinq ans, 97 % des avis qu'elle a rendus ont été favorables aux futures normes ! Pire, sur les 34 avis défavorables émis, 26 normes ont tout de même été adoptées. Un résultat peu surprenant puisque la procédure d'évaluation a été pensée afin « de ne pas entraver la procédure normative du gouvernement » (*sic* !). Finalement, la Commission vient d'être pérennisée, tout en changeant de nom. Exit donc la Commission *consultative* d'évaluation des normes et bienvenue à la Commission *nationale* d'évaluation des normes, censée avoir des prérogatives renforcées. Notons que la composition de cette Commission demeure inchangée.

Cet espoir fou, celui d'une réelle simplification, n'est pas nouveau. Dès les années 1990, une réflexion existait concernant « l'allégement de l'impôt papier » au travers des travaux de l'Institut national pour la simplification. « La seule nuit d'abrogation s'est déroulée le 4 août 1789 », constate ironiquement Alain Lambert. Pourtant, de nombreux pays européens ont mis en place des mécanismes de contrôle de l'inflation normative. Pour preuve, au Royaume-Uni, depuis 2009, le

Regulatory Policy Committee réalise des évaluations indépendantes sur l'impact des projets de lois des ministères.

L'évaluation tient compte de la précision des coûts budgétaires mais également des coûts induits (pour les entreprises et les particuliers) et ses 6 membres sont des économistes ou des chefs d'entreprise assistés par une équipe de 15 personnes. Le Comité vérifie également l'application du *Better Regulation Agenda,* qui vise entre autres à développer l'usage des *sunset clauses* (c'est-à-dire des clauses prévoyant la durée de vie déterminée de la norme), ainsi que la limitation du coût de l'activité normative par l'approche dite du *One In, One Out,* c'est-à-dire une loi votée = une loi supprimée. En un an et demi, les entreprises auraient économisé 3 milliards de livres.

L'autre grand pays européen à avoir réussi sa transition normative est l'Allemagne qui s'est fixé l'objectif de réduire de 25 % les coûts administratifs pour les entreprises. Pour cela, le Conseil national de contrôle des normes rend des avis sur l'ensemble des lois et des projets de lois. En cas d'avis négatif, l'administration fédérale peut passer outre mais elle devra s'en expliquer devant le Parlement. Encore plus efficace, le Parlement allemand a voté 11 lois fédérales pour abroger les réglementations superflues et réduire le stock normatif qui est passé de 2 039 à 1 728 lois. Des chiffres qui donnent le tournis alors que la France compte près de sept fois plus de lois que l'Allemagne.

Un frein à l'investissement

En France, des appels de plus en plus pressants à stopper l'inflation normative se font entendre de la part des particuliers mais aussi des entreprises qui ne s'en sortent plus. Le plus fatal est évidemment l'instabilité réglementaire : quel investisseur avait prévu la taxation à 75 % (des hauts revenus) dans ses prévisions ? Quelle entreprise aurait parié en 2012 sur un compte pénibilité en 2015 ? En décembre 2012, 50 dirigeants de filiales étrangères installées en France publiaient une lettre ouverte à l'exécutif. Ils reconnaissaient que si « la France a des ressources, des talents rares », elle est « pénalisée par la complexité et l'instabilité de l'environnement législatif et réglementaire, par un manque de flexibilité du droit du travail, par des procédures complexes, longues et aléatoires en matière de restructuration, par des coûts plus élevés qu'ailleurs et, plus globalement, par une méfiance culturelle envers l'économie de marché ». Désormais, les investisseurs étrangers ont « une attitude prudente et attentiste vis-à-vis de notre pays », mis « sous observation ».

Quelques lois, très limitées, ont bien été votées en France, en 2009 et 2011, quand Frédéric Lefebvre, secrétaire d'État au Commerce, à l'Artisanat et aux PME, a présidé les Assises de la simplification qui ont débouché sur une commission *ad hoc.* En mai 2014, un sénateur UMP demandait à Arnaud Montebourg, alors ministre, de lui communiquer « l'actualité de ladite commission ainsi que sa composition ». Vous vous en doutez, la réponse se fait toujours attendre. En clair, il ne faut pas escompter grand-chose de tous ces conseils, commissions et autres lois de circonstance. Ainsi, les préfectures reçoivent chaque année 80 000 nouvelles pages de circulaires à mettre en application. Conséquence : une étude confidentielle estimerait que ses agents préfectoraux passent 30 % de leur temps de travail à contrôler des règlements déjà modifiés par la loi, dont certains sont totalement obsolètes !

Des archives à ciel ouvert

Il faudrait évoquer de manière plus systématique la question de l'armoire numérique et le développement de l'Open Data entre administrations, c'est-à-dire de la libéralisation des données. Une réforme qui doit rendre l'administration plus attentive à ce qu'elle produit même si cela ne règle pas la question du stock. Il s'agirait en France d'un vrai changement de culture, tant nos administrations semblent allergiques à la transparence et aux évaluations. Mais c'est sans compter sur la valse des ministres et membres de cabinets. Résultat : personne ne veut prendre la responsabilité de s'occuper du dossier. Il faudra attendre le démembrement des attributions de Marylise Lebranchu[1] lors de la nomination de Manuel Valls à Matignon pour que

---

1. La ministre perd le portefeuille de la réforme de l'État le 3 juin 2014.

cette mission soit finalement incarnée par Thierry Mandon (ex-président du Conseil de simplification) nommé secrétaire d'État à la Réforme de l'État et à la Simplification sous la tutelle directe du Premier ministre. Entre-temps, deux ans ont été perdus.

Alors, que faire maintenant ? Depuis le « arrêtez d'emmerder les Français » de Georges Pompidou, beaucoup d'institutions ont tiré la sonnette d'alarme et notamment le Conseil d'État en 1991 puis en 2006 dans un rapport dénonçant le manque de clarté et de stabilité de la loi qui conduit à son inefficacité. On appréciera de lire, au passage, que « l'intempérance de la loi débouche sur son insignifiance ». Ce rapport met aussi en évidence le principe de sécurité juridique protégeant les citoyens contre l'intrusion de lois bouleversant les systèmes existants. C'est la jurisprudence communautaire de l'Union européenne qui a dégagé la première ce principe, repris de façon encore trop timide par le Conseil d'État et le Conseil constitutionnel.

Désormais en France, deux axes doivent être – rapidement – mis en place pour stopper l'inflation normative, simplifier la vie administrative des usagers (particuliers ou entreprises) et drainer le stock. Guillaume Poitrinal, l'un des « Monsieur simplification » de François Hollande, proposait, à juste titre, la création d'un « organisme indépendant » qui aurait pour vocation de réaliser « une analyse de l'impact économique de chaque mesure qui touche les entreprises ». Cette autorité, qui s'inspire du modèle britannique, serait l'équivalent économique de ce que fait le Conseil d'État sur le plan

juridique et le pendant du Conseil national d'évaluation des normes pour les collectivités locales. Il
pourrait évaluer le coût des règlements proposés
pour les entreprises, pour les budgets publics et
pour les contribuables.

De manière plus radicale, une règle d'or devrait
être proclamée, à la prochaine alternance, quel que
soit le vainqueur, selon laquelle on n'inventerait
pas une loi sans en supprimer (au moins) une autre.

14.

3 500 pages de code du travail

« En ce qui me concerne, je dirige un petit groupe de charcuterie industrielle (3 usines, 60 personnes au total). Une de mes unités est à peu près au niveau du premier seuil social. Très consciencieusement, on se limite à 9 CDI, et en aucun cas on ne dépassera l'effectif mensuel moyen de 10,9 salariés plus de 12 fois sur 3 ans. Si l'on avait une perspective de 14 ou 15 personnes à moyen terme, cela vaudrait peut-être le coup ; en dessous, il faut surtout rester à moins de 11 ! » Voilà le témoignage d'un entrepreneur confronté au quotidien à la problématique des seuils sociaux.

Alors, comment tiennent-ils tous ces entrepreneurs et patrons face à l'empilement des strates de l'administration et des pages du code du travail ? La complexité du système est telle que les bonnes intentions deviennent autant de barrières infranchissables.

Le code du travail ? Sur le papier, c'est limpide : il doit protéger tous les salariés. Et en pratique ? Là, c'est plus compliqué : 3 500 pages dans l'édition Dalloz 2014, contre moitié moins en 1985 ! 1,5 kilo en 2014 avec 10 628 articles contre 500 grammes en 1985. Et le gouvernement actuel n'a pas donné, jusqu'à présent, de signe d'une – réelle – volonté de simplification. Pour preuve, la loi du 14 juin 2013, qui a consacré les résultats des négociations entre partenaires sociaux actés par l'Accord national interprofessionnel (ANI) de janvier 2013, a finalement modifié 93 articles du code du travail et en a créé 44 nouveaux ! La table des matières de l'édition Dalloz du code indique que la production de lois, décrets et arrêtés touchant le droit du travail a été de 81 en 2011, 64 en 2012 et 54 en 2013. Quand on sait que, parmi ces derniers, figure une loi qui à elle seule a créé ou modifié 137 articles, on comprend les progrès qu'il reste à faire. Résultat : en trente-deux années, les textes régissant les instances représentatives du personnel sont passés de 203 à 1 181 articles[1].

Comment en est-on arrivé là ?

Ainsi, quel monstre illisible est devenu ce code en si peu de temps ! Bien des intervenants dans les médias soulignent cette aberration et exigent une simplification. Michel Sapin, ancien ministre du Travail et actuel ministre des Finances, a répondu avec une désinvolture scandaleuse qu'il suffirait d'imprimer le code en plus petits caractères pour en diminuer le volume. Très drôle. La remarque a été évidemment peu appréciée et montre à quel

---

1. Voir annexe 10.

point ce fidèle de François Hollande est coupé du monde du travail.

Il faut commencer par rappeler que nous sommes un pays où l'égalité fait partie de la devise républicaine mais aussi un pays de droit écrit, contrairement aux pays anglo-saxons. Cela a fortement contribué à la toute-puissance de la loi, identique pour tous et votée par le Parlement, perçue comme le meilleur rempart contre les tentations centrifuges et inégalitaires. L'article 34 de la Constitution : « La loi détermine les principes fondamentaux [...] du droit du travail » signifie que le législateur n'est pas libre de déléguer la détermination des règles du droit du travail à une norme inférieure à partir du moment où ces règles concernent les « principes fondamentaux ». Or, la jurisprudence du Conseil constitutionnel montre que l'étendue de ces principes jugés fondamentaux est en fait... considérable.

Mais il faut encore y regarder de plus près. Premièrement, il faut souligner que le législateur, à l'occasion des refontes du code, a considérablement divisé les articles existants, en les multipliant parfois par deux ou trois. L'édition Dalloz de 1985 ne comprenait quasiment pas de jurisprudence, alors qu'au fur et à mesure des années, l'éditeur a constamment étoffé les références à celle-ci. C'est un paradoxe apparent car, tandis qu'on observait que certaines dispositions légales devenaient très précises, jusqu'à la caricature, d'autres se contentaient d'énoncer des principes à partir desquels les tribunaux devaient bâtir en toute liberté un droit prétorien, d'interprétation extrêmement complexe.

À titre d'exemple d'une réglementation trop précise, la détermination des congés de maternité obéit à des règles rigides comprenant des distinctions sans fin pour chaque cas de figure (report à la demande du salarié, naissances multiples, accouchement prématuré, état pathologique, hospitalisation...). Il en est de même pour les congés parentaux. La caractéristique de tous ces exemples est évidemment qu'aucune confiance n'est accordée aux parties pour s'entendre, et particulièrement pas à l'employeur pour proposer des solutions pertinentes. L'exemple le plus frappant est celui de l'article L. 1221-1 du code qui dispose de façon anodine et trompeuse : « Le contrat de travail est soumis aux règles du droit commun. Il peut être établi selon les formes que les parties contractantes décident d'adopter. » La jurisprudence et les commentaires de ce seul article occupent dans l'édition Dalloz 50 pages, écrites en très petits caractères, et plusieurs milliers de décisions, car ce sont les tribunaux qui ont fixé et continuent à fixer les règles relatives à la distinction entre contrats de travail et autres contrats, à la modification et à la conclusion des contrats, aux clauses de non-concurrence, au lieu de travail et à la mobilité, etc. Ce qui n'empêche pas que la loi vienne prendre le relais lorsqu'il s'agit de réglementer la durée du travail, les repos et congés, les salariés protégés, les CDD ou encore les formes spéciales de contrat, etc.

Autre exemple : la réglementation de la notion de cause réelle et sérieuse, capitale pour juger de la légitimité du licenciement, est entièrement de nature prétorienne. L'article L. 1232-1 du code se borne ainsi à indiquer que le licenciement pour motif personnel « est justifié par une cause réelle et sérieuse ». Il est suivi dans l'édition Dalloz par 14 pages de jurisprudence qui référencent plusieurs centaines de décisions, émanant pour la plupart de la Cour de cassation, ainsi que de savants commentaires dont la caractéristique est de se poser des questions sur la signification à donner à ces décisions... et d'être rarement du même avis.

À cette loi toute-puissante viennent s'ajouter d'autres difficultés. La volonté de l'État de développer le dialogue social a conduit à disposer dans l'article L. 1 du code du travail que tout projet de réforme envisagé par le gouvernement et portant sur les relations de travail et l'emploi doit faire l'objet d'une concertation préalable avec les organisations syndicales de salariés et d'employeurs. Seulement voilà. Cela s'avère difficile de dialoguer lorsque la CGT et FO boycottent les conférences des 7 et 8 juillet 2014 ou refusent de signer l'accord professionnel de janvier 2013...

Une simplification pas si simple

Bref, les énergies s'épuisent, non pas à entrer dans une concertation de bonne foi mais à entrer en conflit sur les interprétations à donner à des textes qui ne laissent aucune liberté de négociation. Évidemment, rien n'est pire pour le dialogue social. Combien de fois les employeurs affirment-ils qu'ils ne demandent pas mieux que d'adapter les règles dans le sens d'une conciliation mais que c'est imprudent vu les pénalités systématiques aveuglément appliquées ? Conséquences : leurs conseils les dissuadent et l'on se retrouve dans la situation, très répandue, où il est nécessaire d'inventer des fautes du salarié avec l'accord de ce dernier. Mais cette procédure n'est pas toujours envisageable et donne lieu, elle aussi, à divers chantages. Comment remédier à cette situation ? Est-il réaliste de penser que l'on puisse supprimer du code quantité de dispositions perçues comme autant de protections des salariés et de barrages à l'arbitraire patronal ?

Une loi dite de simplification a bien été passée le 22 mars 2012, loi fort longue, qui a touché tous les domaines du droit. Malheureusement, ce bel effort s'est borné essentiellement à des simplifications d'ordre administratif (déclarations et formulaires) ; quant au droit du travail, on n'y trouve que des modifications de pure forme et... de nouvelles obligations, comme celle de négocier sur les bas salaires et une réglementation nouvelle du télétravail ! Ces efforts sont sans commune mesure comparés à la complexification du droit et apparaissent pathétiques face à la gravité de la situation du pays. Et cela n'a, dans l'état actuel des annonces gouvernementales, aucune chance de changer, car il est parfaitement clair que le terme de simplification n'a, dans l'esprit de nos gouvernants, qu'un sens tout à fait insuffisant, limité aux procédures administratives. Et pourtant, les problèmes demeurent, qui exigeraient qu'on les traite d'urgence.

En matière de seuils sociaux, par exemple, l'embauche d'un dixième ou d'un cinquantième salarié est un vrai cap en France : si vous faites passer votre entreprise de 49 à 50 salariés, vous devez procéder à la nomination d'un délégué syndical (non élu) par un organisme extérieur à l'entreprise, mettre en place un comité d'entreprise qui devra être informé et consulté avant chaque décision du dirigeant, désigner un comité d'hygiène et de sécurité et le réunir tous les mois, établir un plan d'action sur l'égalité hommes-femmes, sur l'emploi des seniors, sur la prévention de la pénibilité, négocier chaque année sur les salaires, sur la durée et l'organisation du temps de travail, sur la prévoyance maladie, sur l'épargne salariale, sur l'emploi des travailleurs handicapés, recevoir les salariés l'année de leur 45e anniversaire pour un entretien professionnel, déclarer chaque mois au ministère du Travail les entrées et sorties du personnel, etc. Un tel fardeau n'est pas supportable pour une entreprise qui fonctionne avec un pôle administratif réduit. Résultat : nombre d'entre elles prennent soin de ne pas dépasser le cap des 49 salariés. La Fondation iFRAP a cherché à estimer le nombre de créations d'emplois qui sont ainsi bloquées par l'existence des seuils sociaux. En se basant sur les données de l'Insee, l'existence de seuils sociaux tels que définis actuellement empêche la création de 70 000 à 140 000 emplois.

Des licenciements périlleux pour l'employeur

En matière de rupture de contrat de travail, le législateur a, là aussi, multiplié les sanctions forfaitaires, c'est-à-dire les indemnités automatiquement dues par l'employeur au salarié pour les divers cas d'irrégularités et sans rapport avec le préjudice effectivement subi. En ce sens, on peut citer la récente annulation par le tribunal administratif du plan social de Mory Ducros, placé en redressement judiciaire fin 2013. Le plan de sauvegarde de l'emploi, après négociation avec les syndicats et l'État, s'accorde en mars 2014 sur 2 800 licenciements sur les 5 000 emplois en danger. Mais la CGT attaque cette homologation devant le tribunal administratif de Pontoise, lequel annule la décision administrative pour une « erreur d'appréciation » en ce qui concerne l'ordre des licenciements. Une décision obscure et subjective qui ne conteste pas les licenciements mais les prive de cause réelle et sérieuse, ouvrant automatiquement droit à un minimum de six mois d'indemnités au bénéfice des salariés licenciés. Soit une véritable pénalité imposée à l'employeur. Sauf que Mory Ducros n'a pas les moyens de payer ces condamnations, ce sera donc l'Assurance garantie des salaires qui devra s'en acquitter pour un montant de 42 millions d'euros. Or, cette somme est trop élevée pour cet organisme : celui-ci a donc déjà prévenu qu'il devra augmenter les cotisations de l'ensemble des employeurs qui sont les contributeurs du fonds.

La cause des licenciements. C'est le sujet le plus ardu du droit du travail puisque tout repose sur l'interprétation que donnent les tribunaux à la notion de « cause réelle et sérieuse ». Cette jurisprudence n'a cessé de se durcir et les procédures de licenciement des salariés protégés sont devenues kafkaïennes : elles réclament l'autorisation de l'inspection du travail, avec un recours auprès du ministre du Travail, qui peut faire l'objet d'un appel auprès du tribunal administratif, dont la décision peut encore être contestée devant le Conseil d'État. La procédure a d'ailleurs été qualifiée d'« immortelle » par les professionnels ! D'autant que la compétence des juridictions administratives peut aussi être doublée d'une procédure devant les juridictions judiciaires (conseil de prud'hommes, cour d'appel et Cour de cassation). Les licenciements pour raison personnelle ne sont en pratique justifiés que si l'attitude du salarié rend impossible son maintien dans l'entreprise, ce qui nécessite d'en apporter la preuve et de lui envoyer des lettres d'avertissement. Son incompétence éventuelle n'est en général pas reconnue, l'employeur étant censé en avoir jugé au moment de l'embauche. Quant à la cause économique du licenciement, elle suppose que l'entreprise connaisse des difficultés qui mettent en péril son existence et que ces difficultés soient dûment établies : on a vu des cas où les tribunaux ne l'ont pas admis alors que l'entreprise allait déposer son bilan quelques mois après ! De plus, s'agissant de groupes internationaux, la cause n'est pas validée si la branche d'activité située en France périclite alors que cette activité n'est pas mondialement en déficit. Une jurisprudence qualifiée d'« insensée » par un économiste aussi pondéré que Pierre Cahuc, écouté autant à droite qu'à gauche.

On se trouve en fait très près de l'interdiction totale de licencier réclamée par une partie des syndicats et de la gauche. L'idée commence à se faire jour que cette jurisprudence est très nocive pour l'emploi et que pour embaucher, on doit pouvoir licencier. En attendant, les remèdes s'appellent donc chômage des « outsiders », recours accru aux CDD et ruptures conventionnelles...

Finalement, les sanctions forfaitaires sont un véritable carcan pour les entreprises, alors qu'en temps de crise, se multiplient les recours des salariés. Ceux-ci sont tentés d'agir en justice pour obtenir la condamnation automatique de l'employeur, sachant qu'ils n'ont aucune preuve à apporter de la réalité du préjudice qu'ils ont subi. C'est une situation totalement anormale et unique dans le droit français, où la victime a normalement l'obligation de prouver son préjudice pour être indemnisée. Il s'agit en fait d'une amende civile au profit du salarié. Et cela vient allonger la longue liste des condamnations réservées aux employeurs. Le rapport Virville mentionne pas moins de 150 incriminations dans le seul code du travail, lesquelles s'ajoutent à celles du droit pénal général. L'exemple le plus caricatural est celui du délit d'entrave au fonctionnement des instances représentatives du personnel. Ainsi l'employeur doit fournir aux syndicats un local pour leurs activités. Un employeur a par exemple été condamné pour avoir temporairement refusé de mettre à disposition un local à cause d'importants travaux de rénovation. Un autre pour avoir mis à disposition un local situé dans un sous-sol sans armoire fermant à clé !

Comment faire ? C'est une vraie révolution qui est nécessaire pour simplifier le code du travail. Aussi longtemps, en effet, que celui-ci continuera d'être considéré comme un instrument de lutte des classes. Des exemples récents ? Voici le projet de loi Macron qui va augmenter considérablement les pouvoirs des inspecteurs du travail (et la partie du code qui traite du sujet), en élargissant leur pouvoir d'investigation et de sanction ; voici dans ce même projet les sanctions financières sérieusement augmentées en cas de délit d'entrave ; voici l'accord interprofessionnel de 2013 qui impose la constitution d'une base de données unique disponible pour le comité d'entreprise, base de données dont les indications couvrent plusieurs pages du décret d'application. Sans oublier, à propos de ces informations, la Cour de cassation qui vient d'imposer aux entreprises non seulement de déclarer à propos de chacune d'entre elles laquelle doit être considérée comme confidentielle, mais aussi de justifier précisément la raison de cette confidentialité !

La vraie révolution ? Elle consistera maintenant à légiférer pour interdire aux tribunaux de s'immiscer à tout propos dans la vie des entreprises, ce qui finit par les paralyser.

15.

549 975 entreprises créées en 2012, mais seulement 27 500 employeuses au démarrage

De Colbert à Kafka, le chemin vers la complexité a été direct. Elle est aujourd'hui devenue une véritable oppression invisible. Et surtout, totalement contre-productive. Dans tous les pays industrialisés, les études montrent que les start-up, ces jeunes entreprises souvent orientées vers les nouvelles technologies, créent massivement de l'emploi. Les encourager devrait être la priorité. On pourrait regarder – quelle démarche audacieuse ! – comment les autres pays s'y sont pris. Qu'il s'agisse de l'Allemagne, où toute décision publique est passée au crible et où la libre concurrence n'est pas une utopie, ou du Royaume-Uni, qui, dès 1994, a mis en place des mesures fiscales encourageant l'investissement privé, les entreprises en ont bénéficié et, à travers elles, l'économie dans son ensemble.

Février 2011, dans le bureau d'un haut responsable de l'Insee. À la question : « Pourquoi ne montrez-vous pas que parmi les plus de 500 000 entreprises créées par an, seulement 30 000 créent au moins un emploi ? » Autrement dit : pourquoi ne pas dire que les entreprises françaises sont, pour la plupart, des coquilles vides qui ne grandiront jamais ? Le directeur répond, un peu gêné mais avec une certaine franchise, qu'il a bien essayé d'alerter les ministres mais que ce genre de statistiques n'est pas vraiment du goût du gouvernement qui préfère se concentrer sur le bel affichage du chiffre de la création d'entreprises que sur son effet réel sur l'emploi.

Or, n'en déplaise au gouvernement, si la France crée en effet beaucoup d'entreprises, celles-ci ne créent pas d'emplois. Notre taux de chômage, supérieur à 10 %, est proche des niveaux historiques depuis quinze ans. C'est donc en mettant en place un écosystème qui permette aux entreprises d'innover, d'investir et d'embaucher que l'on pourra regagner les 4 à 7 millions d'emplois marchands qui nous manquent[1].

Des manipulations absurdes

Comme tous les pays occidentaux, la France est amenée à s'interroger sur ce que seront les emplois de demain. Aux États-Unis, une étude menée par la Kauffman Foundation a déjà démontré le lien majeur entre création d'entreprises et création d'emplois. En trente ans, les entreprises nouvelles ont créé en moyenne annuellement 3 millions d'emplois quand les entreprises existantes en ont supprimé en moyenne 2 millions chaque année. Cette étude a

---

1. La France a perdu, selon les chiffres de l'Acoss, plus de 331 000 emplois marchands depuis 2008.

été actualisée par l'institut Irdeme (Institut de recherche sur la démographie des entreprises) et donne 100 000 emplois créés en France en moyenne, contre 200 000 en Allemagne et près de 500 000 au Royaume-Uni. Ce sont bien les jeunes entreprises qui créent les emplois. Au lieu de tout miser sur elles, notre pays a préféré une politique d'affichage qui a consisté à améliorer les statistiques de façade en encourageant les emplois aidés (environ 540 000 et encore plus dans les prochaines années).

L'administration Lego

Le contexte entrepreneurial ? Une avalanche de dispositifs et d'acteurs qui se font concurrence entre eux et refusent trop souvent de collaborer. Le conseil général du Val-d'Oise a bien essayé de regrouper ces aides en 2006 dans une plate-forme électronique permettant de recenser tous les différents dispositifs mais ce système s'est rapidement heurté à des pratiques hostiles. De qui ? Des structures d'accompagnement qui y ont vu une concurrence déloyale !

On rêve d'un écosystème prospère. Pas évident à imaginer parce que, pour l'instant, l'État empile les structures. La Cour des comptes relevait en décembre 2012[1] que les collectivités territoriales ont développé des dispositifs additionnels à ceux de l'État. Ensuite, la mise en œuvre et la gestion

---

1. Cour des comptes, rapport d'évaluation, « Les dispositifs de soutien à la création d'entreprises », décembre 2012.

du guichet entreprises reposent sur le travail conjoint de trois groupes d'acteurs principaux : les organismes consulaires (assemblée des chambres de commerce et d'industrie, des métiers et de l'artisanat, etc.), les greffiers des tribunaux de commerce et l'agence centrale des organismes de Sécurité sociale (tutelle des Urssaf). Alors que ces trois groupes sont censés collaborer pour assurer une gestion optimale du système d'informations, les rivalités font rage, avec notamment l'historique tension entre les chambres de commerce et les greffiers qui entrave le bon fonctionnement du groupement. Au sein même du monde des organismes consulaires, c'est la vieille rivalité artisans-commerçants qui ressurgit et qui nourrit un conflit permanent entre chambres de commerce (dotées de 3,9 milliards d'euros de budget) et chambres de métiers (dotées de 748 millions d'euros) ! Or, le flou dans la distinction entre artisans et commerçants ne joue pas en faveur d'un apaisement. Actuellement, 65 % des entrepreneurs sont inscrits à la fois dans une CCI et dans une CMA – ce qui veut d'ailleurs dire que 65 % des entrepreneurs payent deux fois une taxe pour les mêmes services...

Au final, la mission sur les aides aux entreprises[1] recensait 1 175 dispositifs[2] d'aides différents à destination des entreprises. 1 175 ! L'entrepreneur se

---

1. Mission de modernisation de l'action publique (MAP), rapport sur les aides aux entreprises, juin 2013.
2. Sémaphore, base de données des CCI sur les aides aux entreprises.

retrouve donc confronté à une multitude de dispositifs dont il est difficile de percevoir les spécificités tant leurs objectifs semblent proches. Par exemple, lorsqu'un restaurateur veut se lancer, selon qu'il fait de la vente à emporter ou pas, il peut s'adresser soit à la chambre de commerce et d'industrie, soit à la chambre des métiers et de l'artisanat. Ensuite, il devra remplir les formalités juridiques auprès des greffiers des tribunaux de commerce. Puis obtenir auprès de la mairie ou de la préfecture toutes les autorisations administratives éventuelles (une licence pour la vente d'alcool par exemple), requises tout de même pour 60 % des 550 000 créations d'entreprises.

Au-delà des frontières, pas mieux

Une complexité que l'on retrouve au-delà de nos frontières puisque notre système français de soutien à l'export ne brille pas non plus par sa lisibilité. La référence dans ce domaine, c'est bien sûr l'Allemagne. Angela Merkel ne manque pas une occasion, lors de ses déplacements internationaux, d'emmener avec elle des chefs d'entreprise. Mais pas seulement, comme chez nous, des patrons du Cac 40, elle invite aussi les patrons de PME pour promouvoir tous les acteurs de la locomotive économique allemande. Une leçon dont nous ferions bien de nous inspirer si l'on en croit le rapport de la Mission de modernisation de l'action publique de 2013 qui indique : « Les principaux problèmes soulevés par les entreprises sont la difficulté à identifier le bon interlocuteur et à comprendre le dispositif d'appui à l'internationalisation, du fait de la multiplicité des acteurs et des aides existants. » On retrouve ici aussi la superposition d'acteurs nationaux (Banque publique d'investissement, Ubi-France...) et locaux (régions, CCI, métropoles...), sans compter les acteurs privés.

L'éparpillement est identique dans l'autre sens, s'agissant des organismes chargés d'assurer l'attractivité du site France, et notamment entre l'Agence française pour les investissements internationaux (AFII) et les agences régionales de développement. Le rapport explique que, par neutralité vis-à-vis des territoires, les agences locales de développement peuvent toutes être candidates aux dossiers d'implantation traités par l'Agence française des investissements internationaux. Le rapport cite même le cas d'une entreprise étrangère à qui on a fait visiter 32 sites en France, dont aucun ne répondait à son cahier des charges !

Le foisonnement des structures peut donc transformer les entreprises – françaises et étrangères – en véritables chasseurs de primes, à condition d'y consacrer une grande dose d'énergie ou de tourner le dos à ces dispositifs trop chronophages au moment même où l'entreprise doit se développer. L'ensemble de ces structures chargées de l'accompagnement des entreprises, souvent de petite taille, emploie un effectif pléthorique de plusieurs milliers de personnes dont la masse salariale est évaluée à environ 700 millions d'euros. Une partie notable de ces personnes n'est en réalité pas au service des entreprises mais occupée dans des actions de coordination avec les autres acteurs[1]. Un comble.

Dissocier l'utile du contingent

Un choc de simplification serait donc, là aussi, bienvenu. Il imposerait de revoir les périmètres d'intervention des différents acteurs publics et d'abandonner l'idée d'aider les entreprises, pour agir uniquement sur leur environnement et faire en sorte qu'il soit simple, stable et favorable à leur compétitivité. Les aides à la création d'entreprises représentaient 13 milliards de francs en 1996 (soit environ 2 milliards d'euros) contre 2,8 milliards en 2011. S'y ajoutent les dépenses fiscales (10 milliards d'euros) et les formes d'investissement comme les cofinancements avec la Caisse des dépôts et consignations (9,6 milliards d'euros), les garanties (11,7 milliards d'euros), les partenariats public-privé, etc.

L'État veut courir plusieurs lièvres à la fois : imposer sa stratégie à des entreprises, aider les entreprises en difficulté temporaire, détecter et favoriser le développement d'entreprises prometteuses, combattre les « prédateurs » étrangers, atténuer les conséquences sociales de fermetures ou

---

1. Mission de modernisation de l'action publique (MAP), rapport cité : le rapport indique que dans les conseils régionaux, 20 % des effectifs sont affectés à la relation directe avec les entreprises, 30 % avec les partenaires institutionnels et 50 % au travail interne (instruction des projets, stratégie, évaluation, préparation des décisions, etc.).

de restructurations... Mais, comme le rappelle régulièrement la Cour des comptes, l'intervention publique doit théoriquement se limiter à pallier les défaillances du marché dûment identifiées.

Alors par où commence-t-on ? L'assouplissement des horaires d'ouverture dans la distribution est ainsi une voie concrète à envisager. Plusieurs magasins ou centres commerciaux ont relancé la polémique sur le travail le dimanche mais le cadre législatif demeure encore strict. Pourtant, une étude de juin 2007[1] montre ainsi, aux États-Unis, au Canada et aux Pays-Bas, qui ont mis en œuvre l'ouverture dominicale, « un effet positif et significatif de l'extension des horaires d'ouverture des commerces sur l'emploi, compris entre 3 et 5 % de l'emploi du secteur ». On ne s'étonnera pas, dès lors, que cette mesure existe en Italie, qui a autorisé pour le secteur de la distribution l'ouverture 24 heures sur 24 et 7 jours sur 7. Malgré cela, chez nous, la très modeste proposition de la loi Macron de passer de 5 à 12 dimanches par an avec ouverture des commerces fait beaucoup de vagues.

Il faut aussi instaurer une fiscalité en faveur des start-up. Cela reviendrait à assurer les conditions de la croissance pour les cinq prochaines années. Or, les nouvelles contraintes réglementaires ont détourné les investisseurs à risque. Pour cela, il faut arrêter les « emplois d'avenir » inutiles dans le non-marchand et tout miser sur l'emploi marchand. Inventer une fiscalité au service de l'emploi suppose

---

1. Sur la réglementation du temps de travail, le revenu et l'emploi, signée P. Artus, P. Cahuc et A. Zylberberg.

de changer totalement le regard que nous portons collectivement sur les créateurs, les investisseurs et les actionnaires. On ne devrait plus entendre à Bercy : « Les actionnaires familiaux sont des héritiers qu'il faut taxer », mais : « Nous avons la chance que des actionnaires familiaux acceptent de garder leurs participations dans des entreprises françaises au lieu de s'acheter des yachts, ne les taxons surtout pas à l'ISF. » Supprimer l'ISF pour les participations dans les entreprises devrait être une évidence. De même, si l'on veut inciter à la création de nouvelles entreprises, l'idée devrait s'imposer aussi de supprimer l'imposition sur les plus-values de cessions de parts car le risque doit rester rémunérateur. « Innovez, créez, investissez, l'État vous encourage » devrait être le maître mot d'une nouvelle politique entrepreneuriale avec pour socle la stabilité fiscale. Car, le fondateur de la start-up (non technologique) Michel et Augustin, Augustin Paluel-Marmont, le rappelle : « L'un des fléaux français est le changement permanent des règles du jeu, il faut de la stabilité ! »

16.

Encore 110 milliards de participations de l'État dans les entreprises

Les Corses comme les Marseillais posent la question ironiquement : « Ça existe encore la SNCM ? » Oui, elle existe et elle coûte toujours plus cher aux contribuables qui participent au naufrage via les très importantes aides versées par l'État (pas moins de 440 millions). Enfin, elle existait !

La SNCM ou Société nationale Corse Méditerranée – qui assure les liaisons entre l'île et le continent – coule ; elle est en redressement judiciaire depuis novembre 2014. Elle coule d'autant plus sûrement que l'État français en est actionnaire à 25 %. Cet État « stratège » qui est aux manettes depuis des décennies a réussi à ne pas trancher, ne pas agir, ne pas contrer les syndicats et, sous la menace constante non seulement de grève mais aussi de blocage et de détournement de navire comme en 2005 où le GIGN avait dû donner l'assaut au *Pascal Paoli* en pleine mer, a finalement cédé sur tout. Il a notamment accepté de payer des salaires « hors marché » : ainsi, un assistant maître d'hôtel touche 3 352 euros net par mois, un assistant mécanicien, 3 751 euros, un garçon, 2 288 euros... auxquels s'ajoutent 182 jours de congés par an.

Face à cet exemple, comment imaginer que l'intervention de l'État dans des entreprises serait positive ? À l'heure actuelle, ce sont 1 million et demi de salariés qui travaillent dans une entreprise dont l'État est actionnaire. D'ailleurs, avec la crise, le nombre de sociétés majoritairement contrôlées par l'État ne cesse d'augmenter ; 853 en 2006, 889 en 2008, 1 230 en 2011, 1 383 en 2012. Bref, l'État français continue de jouer les pompiers et les (mauvais) investisseurs avec les deniers publics quand tous nos homologues étrangers réduisent leurs participations ou les ciblent vers des secteurs d'avenir.

Des participations tentaculaires

En France, la puissance publique est actionnaire d'entreprises à travers différentes structures[1]. Elles étaient historiquement deux : l'Agence des participations de l'État (APE) directement sous le contrôle du gouvernement, et la Caisse des dépôts et consignations – la CDC a été créée en 1816 pour mettre les avoirs des Français à l'abri des crises financières répétées de l'État. Étrangement, une troisième structure, la Banque publique d'investissement a été créée avec pour actionnaires principaux l'APE (50 %) et la CDC (50 %). Enfin, les collectivités locales sont aussi à la tête de très nombreuses entreprises (Eau de Paris, Gaz de Bordeaux, Lignes

---

1. Voir l'annexe 12.

d'azur de Nice...). Une façon d'ajouter à la confusion.

D'autant qu'entre les trois organismes dédiés à l'investissement, les rôles ne sont pas très clairs. L'Agence des participations de l'État serait, en principe, « centrée sur la participation dans de grandes entreprises, généralement assortie d'un objectif de présence à très long terme », tandis que la Banque publique d'investissement « intervient principalement dans les petites et moyennes entreprises, et dans les entreprises de taille intermédiaire, ainsi que les grands groupes dans une perspective de stabilisation de l'actionnariat ». Des règles qui permettent toutes les interprétations et les deux organismes sont parfois actionnaires des mêmes entreprises comme c'est le cas, de façon très importante, pour Orange (France Telecom) et pour Aéroports de Paris. Des doublons qui sont légion, on en trouve aussi entre l'APE et la CDC chez Areva, ou encore entre la Banque publique d'investissement et la Caisse des dépôts et consignations pour plusieurs sociétés cotées.

Absence de délimitation claire et, plus grave, absence de stabilité donc. Prenons l'Agence des participations de l'État ; créée en 2004, elle est en charge d'un ensemble considérable : plus de 110 milliards de participations. Fondée par Francis Mer, ministre de l'Économie, des Finances et de l'Industrie, l'Agence a pour but de renforcer et de clarifier les interventions de l'État actionnaire. En 2010, nouvelle promotion, nouveau directeur : Jean-Dominique Comolli est nommé « commissaire du gouvernement » rattaché directement au ministre de l'Économie. Pourtant, si déjà ses deux prédécesseurs n'étaient restés que trois ans en poste chacun, lui sera remplacé, dès 2012, au bout de deux ans. Son successeur, David Azéma, numéro deux de la SNCF, sera remplacé en juin 2014. On est loin de la stabilité de Carmignac Gestion qui gère un montant d'actions cotées équivalent avec les mêmes dirigeants depuis vingt-cinq ans, ou encore de Warren Buffett, aux États-Unis, qui gère les centaines de milliards de ses clients depuis soixante ans sans interruption. De façon générale, la stabilité des gestionnaires de fonds de placement est une condition essentielle pour qu'ils puissent acquérir de l'expérience, décider et être évalués sur leurs résultats.

Les résultats de l'Agence des participations de l'État reflètent cette instabilité. Sur 687 milliards d'euros à son bilan, ses participations dans des entreprises cotées se limitent à 85 milliards d'euros. Une valeur en forte baisse depuis 2007 où elle avait atteint 200 milliards d'euros. D'autant qu'en parallèle de son portefeuille d'entreprises cotées, l'Agence inclut des entités considérables comme RFF, SNCF, RATP, La Poste, France Télévisions, Radio France, Aéroports de Paris ou de Nice... sauf que ces entreprises sont en réalité contrôlées par leurs ministres respectifs. Une dernière couche est composée d'un grand nombre de petites entités (La monnaie de Paris, aéroport de Bâle-Mulhouse...). Et comme l'a signalé son directeur, « à travers la Banque publique d'investissement, l'Agence des participations de l'État est aussi actionnaire d'une myriade d'autres entreprises » dont elle ignore tout.

Au final, son portefeuille ne respecte pas les règles de répartition des risques recommandées à tout bon gestionnaire, notamment le fait que ce portefeuille est figé par la présence de mastodontes puisque à eux seuls, EDF et GDF Suez représentent 76 % de la valeur du patrimoine d'entreprises cotées.

Vient ensuite la Caisse des dépôts et consignations avec ses très nombreuses activités (distribution des fonds des divers livrets d'épargne, gestion de caisses de retraite, promotion du cartable électronique, bourse de CO_2...) et son propre portefeuille qui contient historiquement plusieurs grandes entreprises. Elle est présente au capital de 250 sociétés, françaises pour la plupart, et est le premier ou le deuxième actionnaire de 13 sociétés du Cac 40. Impressionnant n'est-ce pas ? Mais voici le jugement d'Henri Emmanuelli, nouvel administrateur de la Caisse : « Je constate que les participations de l'État ne sont pas gérées comme elles devraient l'être. [...] Il n'y a aucune synergie entre les filiales parapubliques de la Caisse des dépôts et les participations de l'État. [...] Les participations de la Caisse des dépôts sont plus le résultat d'une histoire que d'une stratégie ; il va falloir rationaliser. » Le problème c'est que sept ans plus tôt, son prédécesseur, Philippe Marini, tenait déjà le même discours : « La présence de la Caisse dans le secteur concurrentiel n'est pas forcément légitime. » Ainsi, rien n'a changé. Il faut dire que le manque de continuité dans le management est frappant. Depuis Robert Lion (1982-1992), aucun autre directeur général (nommé par décret par le président de la République) n'a vu son premier mandat de cinq ans renouvelé. La plupart sont partis pour devenir directeur général de banque ou administrateur de sociétés du Cac 40.

Instabilité toujours : en avril 2014, un ami de François Hollande, Jean-Pierre Jouyet, à la tête de la Caisse depuis seulement dix-huit mois, est remplacé par le secrétaire général de l'Élysée – un autre proche –, Pierre-René Lemas, 63 ans, qui décide aussitôt de mettre un terme à plusieurs réformes engagées par son prédécesseur. Tout se passe comme si ce poste chargé de gérer des centaines de milliards d'argent public était honorifique, attribué à titre de récompense ou de consolation. Une pratique qui ne peut plus perdurer, surtout face à la concurrence accrue des entreprises dans le monde.

Des participations hétéroclites

Ports, aéroports, administrations postales, entreprises d'énergie, autoroutes, assureurs maladie, hôpitaux, chemins de fer, banques, loteries, logements... la quasi-totalité des pays de l'OCDE ont entrepris de vastes programmes de privatisation de leur secteur public. En vendant leurs participations, les États renoncent du même coup aux revenus réguliers (dividendes) qu'elles leur rapportaient (environ 4 milliards par an en France). Ainsi quand des pays comme l'Allemagne, dont la situation économique est satisfaisante et le budget équilibré, travaillent depuis longtemps à des programmes de privatisation (Deutsche Telekom, Deutsche Bahn, aéroports, Commerzbank...), leur principale motivation n'est pas seulement la réduction de leur dette publique. Cette politique est appliquée par les pays européens en grande difficulté depuis la crise de 2008 (Grèce, Espagne, Irlande, Italie, Portugal), mais également par ceux qui ont traversé la crise financière sans trop de dégâts (Allemagne, Pays-Bas). Chez nos voisins, en ce qui concerne les entreprises publiques, chaque pays conserve des traditions plus ou moins rationnelles de monopole et d'actionnariat d'État, mais qui tendent à s'effacer peu à peu devant les évolutions nécessaires. Au Royaume-Uni, Margaret Thatcher a lancé une grande vague de privatisations au début des années 1980, notamment dans les domaines de l'acier et du pétrole. Vingt ans plus tard, en 2013, Royal Mail, qui semblait une institution publique aussi permanente que son nom, a elle aussi fini par être privatisée avec l'arrivée d'Internet, preuve qu'aucune entreprise n'est intouchable.

En Suède, la société historique d'électricité hydraulique Vattenfaall a élargi sa production au nucléaire et aux éoliennes, tout en étant toujours contrôlée à 100 % par l'État. Sauf que, contrepartie indispensable, son marché est ouvert en Suède et dans tous les pays où elle opère. En Allemagne, pays fédéral, l'État central est présent dans peu d'entreprises publiques mais certains Länder interviennent dans des organismes généralement d'intérêt local comme des compagnies d'énergie et de distribution de l'eau ou des hôpitaux. Malgré de nombreux cas particuliers, la tendance générale est à la privatisation des entreprises publiques, et aussi de branches entières de certaines administrations. En Italie, l'équivalent de notre SNCF doit être privatisé à 40 % en 2015... Même la Russie a entrepris de privatiser quelques-unes de ses grandes entreprises. Seuls des pays au bord de la faillite (Argentine, Venezuela, Bolivie...) nationalisent des entreprises, surtout étrangères, leurs dirigeants cherchant sans doute à conforter leur pouvoir en jouant sur un sentiment populiste et nationaliste. Dans quel camp la France se situe-t-elle ?

Il va falloir trancher et vite puisque, côté français, la liste est longue des mauvais choix qui handicapent encore notre pays : Crédit Lyonnais, Air France, Bull, SNCF, SNCM, SeaFrance, France Telecom, hôpitaux publics... Une succession de débâcles pour ces structures perturbées par les interventions incessantes de l'État.

Plane encore dans l'air la conviction que, quoi qu'il arrive, l'État finira toujours par payer, avec un effet déresponsabilisant sur la direction et sur l'ensemble des salariés. C'est visible, par exemple, à la SNCF. Ses dirigeants ont accepté d'appliquer « sur ordre » des stratégies néfastes : tout-TGV, blocage des lignes d'autocars, laxisme social... Et ses salariés ont refusé toute modification de leurs conditions de travail et de leurs rémunérations, alors qu'ils connaissent le niveau des subventions nécessaires pour maintenir leur entreprise en vie et qu'ils savent que la concurrence croissante de la voiture, des autocars, des camions et des avions, ainsi que l'ouverture du secteur ferroviaire à d'autres opérateurs, est inévitable.

Une question de tradition ?

En France, la protection des entreprises contre leur rachat par des « prédateurs » étrangers est le prétexte mis en avant à tout moment pour justifier l'entrée de l'État à leur capital. Le cas d'Alstom a démontré que ce n'est pas la présence de l'État actionnaire qui permet à la France de conserver ses « pépites », mais leur capacité à vivre et se développer par elles-mêmes. La plupart des pays disposent d'ailleurs de moyens pour bloquer les investissements étrangers indésirables, même s'ils ne les utilisent que très rarement. Aux États-Unis, des restrictions existent dans les secteurs aérien et énergétique mais le Committee on Foreign Investment in the United States autorise la plupart des projets d'investissements étrangers. Le Royaume-Uni est particulièrement ouvert dans l'industrie automobile en faveur des constructeurs allemands et indiens, et dans les chemins de fer ou l'énergie nucléaire au bénéfice de sociétés françaises.

Il serait logique de définir à l'avance quelles firmes sont considérées comme « stratégiques » et quel est le portefeuille de participations idéal pour notre pays. Cela réduirait leur valeur boursière et le montant des investissements étrangers en France et éviterait la méfiance généralisée des investisseurs à l'égard de toutes nos entreprises : que les producteurs de yaourts ou les distributeurs d'eau fassent partie des entreprises stratégiques comme l'ont décrété nos ministres est étonnant mais mieux vaut en parler à froid et le savoir clairement[1]. Une fois ce sujet clarifié, l'État n'a aucune raison de rester actionnaire de si nombreuses sociétés. Au minimum, il doit s'engager à les quitter « dès que possible » comme l'a fait le gouvernement américain pour General Motors. Ce cas est intéressant puisqu'en France, l'État s'invite au capital pour éviter les restructurations alors qu'aux États-Unis, c'est au contraire pour réaliser les réformes indispensables qu'il s'y implante temporairement. Le Parlement européen va même adopter un amendement visant spécialement la SNCF, qui interdit à une société qui n'a pas ouvert son marché national de concourir pour des marchés publics étrangers. Autrement dit, à force de vouloir protéger nos entreprises publiques, on va les priver d'opportunités de développement à l'étranger.

La Commission de Bruxelles n'impose généralement pas une forme particulière (publique ou privée) aux fournisseurs de services ou de produits, mais insiste sur l'ouverture à la concurrence. C'est la bonne position pragmatique et pédagogique. Une fois le marché ouvert et les règles du jeu appliquées de façon équitable, les organismes publics n'ont que deux choix : s'adapter ou disparaître. Ce qui conduit presque toujours à une privatisation, les entreprises publiques étant incapables de résister, dans l'état actuel des choses, à la concurrence.

Les cas de Renault ou de France Telecom montrent bien que la concurrence est le levier clé.

---

1. Nous nous référons au décret n° 2014-479 du 15 mai 2014 relatif aux activités stratégiques.

Ces entreprises ont failli disparaître, mais ont été contraintes de se réformer et, notamment pour France Telecom, de n'embaucher que des salariés de droit privé, un changement sans lequel elle n'avait aucune chance de survivre. Le risque est évidemment que l'État ne fausse la concurrence en faveur des organismes qu'il contrôle : c'est ce qui se passe dans le domaine de la santé où l'État privilégie les hôpitaux publics par une double échelle de prix, des subventions opaques et un contrôle discrétionnaire sur les autorisations d'ouverture de services. C'est aussi le cas pour l'Éducation nationale où la part de l'enseignement privé est plafonnée de façon arbitraire, sans tenir compte des souhaits des parents. L'État n'a même pas la justification d'une attitude d'actionnaire irréprochable par comparaison avec les actionnaires privés ; pire, il se trouve souvent en porte-à-faux par rapport à ses propres consignes : non seulement il se comporte lui-même en prédateur – un comble ! – lorsqu'il se distribue des dividendes excessifs, même quand il s'agit d'entreprises qui licencient ou diminuent leurs effectifs, en contradiction formelle avec les instructions qu'il tente d'imposer au secteur privé. C'est le cas en 2013 pour La Poste dont le bénéfice net a augmenté de 445 millions grâce au CICE (crédit d'impôt pour la compétitivité et l'emploi) qui a donc servi à payer des dividendes à l'État ! Idem pour Air France, qui, en pleine restructuration, reprend la distribution de dividendes, pour Orange, dont les effectifs sont en baisse constante (au contraire des dividendes), ou pour EDF qui reverse 1,8 milliard à l'État dans un contexte de stagnation des effectifs... Une nouvelle illustration du « faites ce que je dis, ne faites pas ce que je fais ».

Ainsi, la situation est devenue si grave qu'il est urgent d'agir en prenant modèle sur les expériences étrangères réussies. Emmanuel Macron, le ministre de l'Économie, a annoncé son intention de céder 5 à 10 milliards de participations d'ici fin 2015. Une bonne idée, mais un objectif bien en dessous de ce qui est possible... et surtout urgent.

17.

37 régimes de retraite, 282 milliards de prestations

Jeannine et Françoise sont toutes les deux professeurs des écoles et chacune mère de deux enfants. Jeannine enseigne dans un établissement primaire public et Françoise dans le privé sous contrat. Toute sa vie, Françoise a cotisé un peu plus tous les mois pour sa retraite que Jeannine. Et pourtant, arrivée à la retraite, Françoise va toucher 169 euros par mois de moins que Jeannine, soit 7 %. Un écart qui est évalué en moyenne, par professeur, à environ 100 000 euros sur toute une retraite. Ce n'est pas un détail.

D'où viennent ces différences ? En grande partie du fait que la France compte 37 régimes de retraite différents pour 282 milliards d'euros de prestations. Alors, essayons de simplifier : combien rapporte 1 euro de cotisation une fois à la retraite ? Une question dont la réponse est tout simplement impossible à donner. Tout d'abord, parce que les bases de cotisations, les taux et les modes de calcul ne sont pas les mêmes et que notre système de retraite recèle tout un tas de droits spéciaux appelés avantages non contributifs. Comment, dans ce contexte, piloter un système quasiment taillé sur mesure selon chaque profession, chaque carrière ?

Dans le maquis...

Même quand ils sont officiellement fermés, certains régimes de retraite comptent toujours des affiliés : ainsi, le régime de retraite de l'ORTF administre encore 186 (heureux) bénéficiaires et le régime spécial de l'Imprimerie nationale fonctionne encore... pour deux personnes !

Si vous êtes un salarié qui a exercé toute sa carrière dans la même entreprise, grimpant les échelons pour finir cadre, vous toucherez une retraite de base versée par la Caisse nationale d'assurance vieillesse au titre du régime général des salariés, mais vous devrez aussi faire des démarches auprès de caisses de retraite complémentaires, différentes selon que vous avez eu une carrière de cadre ou non, caisses qui ont elles-mêmes de multiples fois changé de nom. Et si vous avez été indépendant puis salarié, les choses se compliquent encore... Une situation qui contribue à former des légions de « polypensionnés ». Qu'est-ce qui se cache sous ce nom barbare ? Le simple fait d'avoir cotisé, durant sa vie, à plusieurs régimes. En moyenne, chaque retraité touche une pension provenant de quatre caisses différentes.

En définitive, un constat s'impose : mieux vaut ne jamais avoir changé de situation professionnelle. Les entrepreneurs, les expatriés, les multi-régimes (par exemple, le médecin qui fait des vacations à l'hôpital), les temps partiels, les précaires, les car-

173

rières atypiques souffrent tous de ce mode de calcul défini il y a près de soixante ans lorsque les parcours étaient homogènes et linéaires. Ce système plus que complexe a plusieurs conséquences néfastes : tout d'abord, personne ou presque n'a la moindre idée de ce qu'il va toucher une fois à la retraite. Selon un sondage Accenture-*Les Échos* du 19 avril 2013, seuls 19 % des actifs interrogés ont une idée précise de la pension qu'ils percevront et 35 % savent combien d'années il leur reste à travailler.

Les réformes successives ont bien introduit un point d'information mais les règles de décote, de minimum de cotisation, etc. rendent très difficile un calcul juste. L'affiliation à plusieurs caisses n'est pas l'apanage du secteur privé, on le retrouve aussi dans le secteur public. Ainsi, 36 % des retraités de l'État perçoivent aussi une pension du régime général. Et, plus surprenant, 7 % touchent une pension de la MSA (Mutualité sociale agricole). Chez les militaires, ce sont 57 % qui touchent aussi une pension du régime général. Et jusqu'à 71 % chez les fonctionnaires locaux et hospitaliers.

La conséquence de cette mosaïque de régimes enchevêtrés, c'est le coût très élevé de gestion : il s'élève à 1,92 % des prestations versées en France contre 1,19 % dans la moyenne de l'UE. 1,92 %, cela signifie 5 milliards d'euros. Rien que ça. Le comble ? Le serpent de mer du chantier de l'harmonisation des retraites qui, dix ans après son lancement, n'a toujours pas remplacé les 33 systèmes existants et qui produit des relevés moins complets que ceux qui étaient envoyés il y a quelques années, n'est pas près d'être achevé !

Une injustice de plus

Les modes de calcul entre public et privé n'arrangent rien. Ils n'ont rien à voir : 6 derniers mois pour le public contre 25 meilleures années pour le privé, et encore, pour le seul régime de base, car, pour les retraites complémentaires c'est la carrière complète qui est prise en compte. En effet, dans le public, les carrières progressent à l'ancienneté selon un profil assez linéaire en théorie, donc ce mode de calcul prend en compte la meilleure partie de la carrière. À l'opposé des carrières dans le privé dont les dernières années ne sont pas forcément les meilleures et qui sont en tout état de cause plus aléatoires. Comment départager deux modes de calcul pour deux façons de gérer les carrières que tout oppose ? Le rapport Moreau, de juin 2013, sur l'avenir des retraites indique que si l'on calculait les pensions sur les 10 dernières années au lieu des 6 derniers mois, on baisserait les pensions de seulement 3,6 %. Ce chiffre semble plaider pour un rapprochement de tous les régimes. Mais, curieusement, les syndicats n'y sont pas du tout favorables alors que c'était le projet de la Sécurité sociale d'après-guerre.

Autre problème majeur : notre système est, à cause de sa complexité, une importante source d'erreurs. Le dernier rapport de la Cour des comptes est plutôt alarmant et chiffre à 1 milliard d'euros le problème. Pourquoi un tel montant ? Parce que les bases de cotisation ne sont pas les mêmes entre les différents régimes : les fonctionnaires cotisent sur leur traitement hors primes quand les salariés du privé cotisent sur toute leur rémunération. Quant aux indépendants, leurs cotisations se font sur la base d'acomptes provisionnels et de régularisations sur les revenus définitifs déclarés, ce qui peut dans certains cas entraîner de fortes variations et des décalages de trésorerie.

On l'a vu, la question des primes est un sujet sensible dans la fonction publique. Cela dit, l'injustice principale c'est que la retraite soit calculée sur les 6 derniers mois hors primes, surtout lorsqu'il s'agit de fonctionnaires de catégorie A qui peuvent toucher jusqu'à 45 % de primes dans leurs salaires. Des palliatifs ont été mis en place : par exemple le dispositif Préfon, un fonds de pension unique en son genre en France, créé par les syndicats pour permettre aux fonctionnaires d'investir leurs primes en bénéficiant d'avantages fiscaux spécifiques. Si les fonctionnaires ne cotisent pas sur la totalité de leur rémunération, les salariés du privé, et notamment les cadres, eux, doivent cotiser sur des montants particulièrement élevés. Et quid d'une épargne retraite facultative à l'initiative du salarié ? L'idée n'est pas très populaire. Et le paritarisme doit, paraît-il, maintenir sa sphère d'intervention !

Finalement, ce que l'on peut retenir de cette situation, c'est que les syndicats, majoritairement issus de la fonction publique, apprécient la capitalisation lorsqu'elle les concerne, mais ne souhaitent surtout pas que les salariés du privé puissent en profiter. Les différences dans les taux de cotisation sont tout aussi scandaleuses, puisque le secteur privé cotise environ 26 % de la rémunération brute, tandis que le secteur public cotise à hauteur de 83 % (pour l'employeur et le salarié). À l'occasion de la réforme 2010 des retraites, il avait été prévu un alignement très progressif des cotisations salariales des fonctionnaires mais, entre-temps, les syndicats ont obtenu en 2013 de remettre l'effort d'alignement à plus tard sous la dénomination pudique de « lissage ». Les syndicats du public ont même osé réclamer des baisses de charges sous prétexte que le CICE ne s'appliquerait pas à eux.

Au-delà des cotisations, on trouve l'injustice en matière de rendements. Par exemple, l'Ircantec (qui concerne principalement La Poste et les contractuels de la fonction publique) sert des retraites considérablement plus généreuses que les complémentaires des salariés du régime général. On se retrouve donc dans la situation paradoxale où l'on tire régulièrement la sonnette d'alarme à propos du régime général de retraite tandis que l'on cache l'étendue des déficits du public[1]. Mais l'évaluation est sans appel : en appliquant les règles de calcul du régime général aux agents publics, entre 2 et 3 milliards d'euros peuvent être économisés par an[2] !

60 milliards distribués… sans cotisations

Réformer les retraites ? C'est aussi prendre en compte cette multitude d'éléments que l'on appelle les avantages non contributifs. Non contri-

---

1. Évalué à environ 7 milliards d'euros par an.
2. Étude de la Fondation iFRAP de décembre 2014.

butifs car ils sont perçus sans qu'il y ait eu besoin de cotiser pour cela. Ce sont par exemple les majorations pour enfants, les retraites de réversion, les minimums vieillesse..., les différents dispositifs de prise en compte de la pénibilité, les périodes validées au titre des stages, du service militaire ou du chômage, etc. Des broutilles ? Loin de là. Les retraites de réversion représentent 30 milliards d'euros selon le rapport Moreau, les majorations pour enfants 5,7 milliards et les dépenses prises en charge par le FSV (Fonds de solidarité vieillesse)... 19 milliards. À quoi s'ajoutent les catégories actives des trois fonctions publiques, soit les 140 000 agents qui, rien que pour l'État, partiront probablement à la retraite d'ici 2020, à l'âge très avancé de 57 ans.

En effet, les fonctionnaires dits « actifs » (policiers, gendarmes, douaniers, pompiers, gardiens de prison, infirmiers, cantonniers...) et certains agents des régimes spéciaux (cheminots, contrôleurs aériens, marins de la marine marchande...) sont autorisés à partir à la retraite à 57 ans, voire à 52 ans (égoutiers, conducteurs de train ou de métro...), au lieu de 62 ans pour les autres. Loin de vouloir limiter ce coûteux dispositif concernant les catégories actives, nos parlementaires aimeraient les renforcer. Le député (PS) du Bas-Rhin, Philippe Bies, demande par exemple de donner la possibilité aux bûcherons communaux de bénéficier de la dérogation. Dans la même veine, le sénateur UMP Francis Delattre, tout en reconnaissant que ces départs anticipés en retraite coûtent cher au système, milite pour ne rien y changer. Car un recul à 62 ans des départs à la retraite des agents actifs pourrait coûter plus cher encore paraît-il. Explication très sérieuse du sénateur : « Les fonctionnaires en fin de carrière ont une rémunération moyenne plus élevée que ceux en début de carrière. » Dommage qu'on n'ait pas pensé à cet argument pour économiser sur le système de pension privé !

Bref, si l'on prend en compte tous les éléments pour lesquels on ne cotise pas, on frise les 60 milliards d'euros : sur 280 milliards de prestations vieillesse et invalidité, c'est tout de même un cinquième financé par la prétendue « solidarité ».

La voie à la suédoise consisterait à faire converger tous les régimes vers un système unique sous forme d'une retraite par points par répartition, complétée par une part de retraite en capitalisation. Pour y parvenir, les Suédois ont mis quinze ans, il n'est donc pas trop tôt pour s'y atteler... Une telle réforme a souvent été évoquée en France, le plus souvent pour en dresser les louanges mais, paradoxalement, pour dire aussi qu'elle est impossible à mettre en œuvre dans notre pays. Trop long, trop compliqué, trop tard par rapport à l'importance de nos déficits et l'urgence d'autres problèmes. Il reste à méditer cette exaspération d'un dirigeant de caisse de retraite : « Pour les fusions de caisses, tout est prêt, le seul problème c'est la diminution du nombre de postes d'administrateurs. »

Tout est dit sur ce qui bloque la réforme en France.

18.

10,3 semaines non travaillées par an en moyenne

La France a inventé les RTT[1], elle a aussi inventé les « congés bonifiés » soit 30 jours de plus de vacances[2] tous les trois ans pour les agents originaires de l'outre-mer, travaillant notamment dans les hôpitaux. À l'échelle nationale, cette curiosité française concernerait 32 000 agents et coûterait 600 millions d'euros par an. Avec 10,3 semaines non travaillées par an et par travailleur en moyenne, la durée effective annuelle du travail en France rappelle que nous sommes bien le pays européen où l'on travaille le moins (à égalité avec la Finlande) et ce, à cause d'une législation sur le travail peu flexible, de la durée légale de travail la plus basse d'Europe (35 heures), d'une part trop importante du secteur non marchand dans l'emploi total (administrations, associations...) et d'un penchant très prononcé pour les congés et l'absentéisme. Et les chiffres sont parlants : la durée de travail effective en France des salariés à temps complet est de 1 661 heures, soit

---

1. Réduction du temps de travail.
2. Et billets d'avion offerts.

239 heures de moins que les Britanniques, 186 heures de moins que les Allemands et 120 heures de moins que les Italiens. Si la tendance est à une diminution du temps de travail partout en Europe, elle est beaucoup plus prononcée chez nous[1].

Malgré cela, la France parvient à conserver la 6e place en termes de compétitivité au niveau européen, ce qui prouve que, si nous nous en donnions les moyens, il nous serait largement possible de rattraper nos voisins alors même que ces derniers nous distancent depuis plusieurs années. Ainsi, en 1998, alors qu'on vote la première loi sur les 35 heures, les Italiens réduisaient eux aussi la durée légale de travail mais de 48 à 40 heures hebdomadaires.

Pourquoi le volume de travail des salariés français est-il si faible ? Cela ne peut pas être simplement culturel puisque, lorsqu'on se penche sur le temps de travail des non-salariés français, ces derniers travaillent autant que leurs voisins allemands et 43 % de plus que leurs collègues salariés. Alors, si ce n'est pas culturel, qu'est-ce que c'est ?

Un secteur marchand anémié

La faible durée de travail des Français s'explique, d'abord, par l'importance du secteur non marchand qui, rappelons-le, inclut toute la fonction publique (dont la durée de travail légale est l'une des plus faibles de l'OCDE), la santé et l'action sociale. Une situation aggravée par le fait que la France accuse

---

1. Voir annexe 10.

un sérieux retard dans la création d'emplois dans le secteur privé : on estime qu'une mise à niveau sur nos principaux concurrents nous imposerait de créer 4 à 7 millions d'emplois. Difficile, quand on sait que 53 % des dirigeants de PME voient toujours la suppression des 35 heures comme une priorité pour embaucher, et qu'il y a déjà 3,5 millions de demandeurs sans aucun emploi sur le carreau.

Évidemment, la diminution progressive de la durée de travail légale qui passe de 39 heures en 1982 à 35 heures en 2002 a profondément modifié le paysage en France. Nous sommes l'un des seuls pays à avoir instauré une durée légale pour tous les salariés, publics comme privés, toutes professions confondues, alors que, chez nos voisins, les conventions sur le temps de travail sont signées par branche. En Allemagne par exemple, celles-ci diffèrent selon les professions et le Land. Un principe qui s'applique également à la fonction publique : un fonctionnaire allemand peut donc travailler de 39 à 42 heures par semaine. Un bel exemple de flexibilité du temps de travail avec des corridors hebdomadaires de travail et des heures supplémentaires payées en tant que telles au-delà de 40 heures (exemple de Volkswagen). Côté français, nos petites entreprises, surtout si elles sont industrielles, n'ont pas eu la souplesse nécessaire pour compenser par des embauches la perte de 11 % de leur chiffre d'affaires qui leur a été infligée par le passage aux 35 heures. D'abord parce que toute embauche supplémentaire entraîne des coûts fixes (formation, outils, locaux, avantages, franchissement éventuel de seuils sociaux, etc.) indépendants du surcroît de productivité obtenu. Ensuite, parce que, lorsque les postes répondent à des compétences différentes, il est nécessaire que l'entreprise emploie déjà au moins 10 salariés dans des postes de même compétence pour que l'embauche d'un onzième soit justifiée. À supposer d'ailleurs que la situation du marché du travail permette de trouver les personnes adéquates, alors que l'on sait combien les goulots d'étranglement sont nombreux. Et enfin, à supposer aussi que la réorganisation du travail n'entraîne pas de difficultés dans l'entreprise, tout le monde devant travailler moins (pour le même salaire) avec des horaires variés.

Ceci reflète une fois de plus la nécessité de ne pas vouloir passer toutes les entreprises sous la même toise. Les TPE et les PME sont à la fois celles pour qui le coût du travail est le plus élevé alors qu'elles sont les plus susceptibles d'embaucher. La durée légale du travail a pour effet d'être le point de départ du calcul des heures supplémentaires et de la majoration de rémunération qui leur est applicable – ou des autres compensations comme les jours de RTT. Il faut bien considérer qu'aucun autre pays n'applique de compensation salariale à partir de 35 heures, car aucun pays ne connaît de durée légale à ce niveau. Il ne faut donc pas confondre durée légale et réduction ou flexibilité conjoncturelle du temps de travail. Le problème essentiel que posent les 35 heures, c'est, avec leur seuil d'application particulièrement bas, leur rigidité absolue. Tous les emplois dans toutes les entreprises sont concernés, et même si plusieurs solutions sont ouvertes (RTT et/ou paiement), les entreprises sont toujours pénalisées par une augmentation du coût du travail au-delà de 35 heures.

Et revenir à la défiscalisation des heures supplémentaires n'est pas la bonne solution pour autant. Elle a, en particulier, donné lieu à de trop nombreux effets d'aubaine correspondant à des heures qui n'étaient pas déclarées ou rémunérées avant la loi en faveur du travail, de l'emploi et du pouvoir d'achat (Tepa). Par ailleurs, il est impossible d'imaginer un retour aux 39 heures payées 35. Une certaine modération salariale pendant la dernière décennie a fait que les salaires n'ont pas évolué autant qu'ils l'auraient fait en l'absence des 35 heures. Impossible aussi de bousculer à nouveau tous les accords qui ont permis d'absorber ce choc et sur lesquels nombre d'entreprises ne souhaitent pas revenir. Impossible enfin, sauf à détériorer gravement le climat social, de préconiser toute solution qui se traduirait par une perte substantielle de rémunération pour les salariés. Dans ces conditions, ce qu'il convient de faire est un alignement sur la plupart de nos voisins européens (notamment le Royaume-Uni ou la Belgique) qui n'ont pas fixé de durée légale du travail, mais des durées de travail au niveau de l'entreprise, voire à celui du contrat individuel. La loi serait à la fois chargée de fixer la durée maximale à partir de laquelle sont décomptées les heures supplémentaires et de mettre en place une organisation (entre 35 et 40 heures par semaine) prévoyant un maximum de 2 000 heures par an dans le privé.

À noter qu'en plus de se singulariser par la durée légale de travail la plus faible d'Europe, les Français font aussi partie de ceux qui travaillent le moins longtemps en nombre d'années. Selon les données 2012 d'Eurostat, les Français travaillent en moyenne 34,6 années pour un âge moyen de départ à la retraite de 60,2 ans. À titre de comparaison, les Britanniques travaillent 38,1 années et les Allemands 37,5 années. La moyenne européenne se situe, elle, à 35 années pour un âge de départ à la retraite moyen de 61,5 ans.

L'addition fatale

Sur les 10,3 semaines non travaillées des Français, 6,6 semaines sont issues des congés payés et des RTT et 0,9 semaine au titre des jours fériés, soit 7,5 semaines accordées par la législation sur le travail. Rappelons le cas de Renault où, récemment, les salariés avaient obtenu, par le biais de calculs de congés extrêmement favorables, des réductions de temps de travail aboutissant à 9 ou 10 semaines de congés annuels. Face à la crise et aux risques de fermeture des sites, les syndicats ont finalement accepté d'augmenter la durée du travail, mais cela ne fait que ramener le groupe à la normale et Renault reste encore loin de ses compétiteurs directs, notamment en Allemagne où la productivité est une priorité absolue.

7,5 semaines de congés accordées par la loi sur 10,3 semaines effectivement prises. D'où vient l'écart ? De notre penchant pour l'absentéisme. Le coût annuel moyen de ce fléau pour les entreprises est estimé à 7 milliards d'euros. Mais là où l'absentéisme frappe le plus, c'est dans la fonction publique, même si, malheureusement, peu de données fiables existent. Il faut savoir que la direction générale des collectivités locales ne calcule pas le taux d'absentéisme mais donne seulement le nombre de jours d'absence, toutes causes confondues, des agents de la fonction publique territoriale : 27,3 jours d'absence par agent dans les régions, 20,1 jours dans les départements, 22,3 jours dans les communes, 19,5 jours dans les intercommunalités, 14,7 jours pour les autres organismes, soit une moyenne de 21,5 jours d'absence. La direction des études s'était bien lancée dans un chiffrage de « l'absentéisme » pour 2003-2011, sauf que, petit problème, cette étude se basait sur un ratio de salariés absents sur une semaine donnée : oui, juste une semaine prise au hasard dans le calendrier ! La Fondation iFRAP, début 2014, s'est elle-même livrée au chiffrage de l'absentéisme dans la fonction publique à partir des bilans sociaux des communes. Pour 2011, le taux d'absentéisme dans les communes était alors de 11,8 %, soit 26,42 jours par an et par agent avec un record atteint par la mairie de Montpellier qui culmine à presque 40 jours d'absence par an et par agent ! Un résultat peu surprenant quand on sait que la chambre régionale des comptes du Languedoc-Roussillon dénonçait déjà le fait que, depuis 2007, le nombre total de jours d'absence des agents de la mairie de Montpellier était passé de 80 732 à 162 473 jours, soit l'équivalent de 350 agents à temps complet à l'année (c'est-à-dire 15 % des effectifs). En moyenne par agent, entre les RTT, les congés payés, les absences et les congés octroyés par la collectivité, on arrive à 92 jours de « congés toutes causes » à Montpellier. Une seconde étude montrait que l'absentéisme dans les conseils régionaux atteignait 27,7 jours en moyenne, c'est-à-dire 8 à 14 jours d'absence de plus que les salariés du secteur privé selon les régions. En réalisant un classement de l'absentéisme dans les régions, la Basse-Normandie, la Champagne-Ardenne et la Bretagne arrivaient en première position avec respectivement 20,8, 22,6 et 22,7 jours d'absence par agent au total, alors qu'on retrouve en queue de peloton le Nord-Pas-de-Calais, l'Aquitaine et la région PACA avec plus de 33 jours d'absence[1].

Il est néanmoins possible d'affirmer, en dépit de la fiabilité relative des données récoltées, que l'absentéisme est symptomatique d'une gestion laxiste du personnel dans les collectivités locales, où les contrôles des arrêts maladie sont rares et l'indemnisation des jours d'absence généreuse. L'introduction du jour de carence, en novembre 2011, avait bien constitué une amélioration en agissant sur les petites absences répétitives, mais son abrogation, en janvier 2014, n'est allée ni dans le sens d'une réduction de l'absentéisme, ni dans celui d'une économie sur les dépenses de personnel. Marylise Lebranchu avait bien tenté de justifier sa suppression (« injuste, inutile, inefficace »), mais ses arguments pour défendre ce recul absurde ne tiennent pas, les vertus du dispositif ayant été validées par les chiffres de l'année suivante.

---

1. Voir la carte en annexe 13.

L'absentéisme est, cela dit, un mal qui semble aussi ronger les fonctions publiques de plusieurs autres pays. Mais, eux, ont décidé de le combattre. Au Canada, des rapports réguliers du Parlement viennent dénoncer le taux d'absentéisme dans la fonction publique fédérale, particulièrement mal acceptée par l'opinion publique, où les agents sont en moyenne absents 18 jours par an (toutes absences confondues). Le gouvernement travaille encore sur un durcissement de la politique des congés et absences. L'Irlande aussi s'est lancée dans une vaste réforme : réduction des effectifs, diminution des congés payés, refonte des évaluations sur la performance, réforme du traitement des rémunérations et des retraites, rien n'a été oublié.

Alors comment libérer le travail en France ? C'est un ensemble de réformes qui est nécessaire : allonger la durée du travail, ce qui ne se résume pas à la durée hebdomadaire de 35 heures, qui doit être rendue flexible en plus ou en moins, mais inclut la durée sur l'année, et aussi sur toute la vie. Par ailleurs, aussi longtemps que le CDI sera sanctuarisé, c'est une erreur que de chercher à empêcher le recours aux contrats précaires qui reste une indispensable soupape.

En redonnant aux entreprises de la marge de manœuvre sur le temps de travail, et en régulant les abus dans ses propres effectifs, l'État, bien loin des procès d'intention qu'on pourra lui faire, reprendra la main et redorera sa réputation au-delà de nos frontières tant en termes de gestion que d'attractivité.

19.

Et si demain on changeait tout ?

Nous sommes en 2022. L'union a été faite entre les professions libérales, les agents publics, les entrepreneurs. On pensait que l'union sacrée était celle des partis politiques, c'est celle des Français de tous les secteurs qui a emporté la mise. N'a-t-elle d'ailleurs pas eu lieu en matière de lutte contre le terrorisme ? Pour tout ce qui touche à l'État on peut aussi imaginer une nouvelle alliance. Finalement la France a refusé le mur de la dette, l'empilement des lois, la dérive des aides et la complexité parfois délirante qui en découle.

Ce n'était pas gagné d'avance mais tout est allé très vite ; là où on avait toujours parlé des 100 jours, les principales réformes avaient été calées en 3 semaines à peine. Tout de suite, les vieux tiroirs de l'administration s'étaient rouverts et avec eux leur cortège d'impossibilités et de montagnes à franchir. Et puis le Président et le Premier ministre ont tapé du poing sur la table. Ok, ils avaient été des adeptes des réformes à petits pas, mais ils ne retomberaient pas dans le panneau une énième fois.

La première décision a été de stopper dès 2016 la fuite en avant des dépenses publiques en les plafonnant à un maximum de 52 % de la richesse nationale à l'horizon 2022 (objectif 50 % après 2022). Et ce n'est pas tout, la Cour des comptes travaille maintenant pour le Parlement uniquement et chaque rapport finit par un calendrier avec des mesures chiffrées à appliquer. Par ailleurs, le vote du budget en déficit est maintenant prohibé en période de croissance. En moyenne, sur 7 ans, les comptes des administrations, hors coût de la dette, doivent être équilibrés, voire excédentaires. Chaque euro dépensé est évalué systématiquement par la Cour pour le Parlement. La Cour effectue un chiffrage, et le Parlement sanctionne et n'hésite pas à supprimer les organismes qui doublonnent. Une idée tout simple mais efficace. Le Conseil des prélèvements obligatoires, composé pour l'occasion majoritairement d'entrepreneurs et de citoyens, s'est attaqué immédiatement au monstre fiscal et a réduit le nombre de taxes de 360 à 100.

L'âge de la retraite a été fixé à 65 ans et tous les régimes fusionnés en un seul avec des droits à pension calculés de la même manière pour tous.

L'État et les collectivités ont stoppé les embauches et augmenté le temps de travail des agents publics. Les primes automatiques ont été supprimées et remplacées par une prime versée uniquement aux agents qui (hors maternité) n'avaient pas été absents un seul jour dans l'année et proportionnellement aux gains d'efficience dégagés. Immédiatement, le nombre de jours d'absence des agents est passé de 28 jours par an (en moyenne et par agent dans les régions) à 14 pour une enveloppe désormais maîtrisée.

En parallèle, et pour montrer que les élus aussi étaient concernés par l'effort, leur nombre a été réduit à 55 431 au lieu de 618 384 : 480 à l'Assemblée, 150 au Sénat (10 par régions et Dom), 5 000 maires de super-communes et 48 600 adjoints aux maires, 1 200 conseillers régionaux...

Dans le même élan, le nombre de structures publiques et paritaires a été drastiquement réduit de 37 000 à 1 500, le nombre de mandats syndicaux est passé de plus de 100 000 à 20 000 et leur coût a fondu puisqu'ils ne sont plus défrayés. Le chômage est maintenant géré par l'État et non plus par les partenaires sociaux dont ce n'est pas le rôle. Même (nouvelle) organisation pour la santé. Maintenant, les agents publics et les salariés du privé cotisent un pourcentage équivalent de leurs revenus pour le chômage. Le Conseil économique et social a été supprimé aussi bien à Paris que pour ses déclinaisons en régions... Les Caisses d'allocations familiales (CAF) ont été, comme les Caisses primaires d'assurance maladie, fusionnées et les centres de traitement des feuilles maladie ou des dossiers administratifs ont été implantés en priorité dans les territoires les plus touchés par le chômage. Les conseils généraux ont été supprimés et toute la gestion du social recentralisée et fusionnée avec les CAF.

Au niveau de la santé, les prix des consultations sont désormais consultables en ligne et le Parlement vient de voter un maximum remboursé par pathologie pour empêcher les abus de doubles ou triples consultations. Il devrait être possible d'économiser grâce à cela plus de 2 milliards d'euros de dépenses maladie par an... La réforme la plus plébiscitée par les Français a été celle des aides sociales. Un référendum a été organisé et ils devaient choisir entre plusieurs options : à 77 %, ils ont voté pour un cumul mensuel de 1 300 euros maximum par foyer pour qu'un euro du travail soit imposé de la même manière qu'un euro d'aide.

L'État a définitivement décentralisé la mission d'éducation aux régions et aux 5 000 super-communes, et les établissements scolaires sont désormais autonomes. Les parents ont plus de choix car le financement se fait au niveau d'un forfait par élève et ils ont le droit d'influencer à la marge les programmes. Certaines écoles ont disparu car les parents et les élèves ne voulaient plus y aller mais d'autres sont apparues grâce à l'action méritante de parents d'élèves qui ont décidé de fonder de nouvelles écoles. Beaucoup de super-communes ont confié la gestion de leurs écoles, collèges et lycées à des organismes privés. Alors qu'il n'était jamais reçu par les gardiens du temple de l'Éducation nationale, qui le voyaient comme un concurrent trop gênant, c'est le fondateur d'Ipesup, la première prépa privée moitié moins chère que les prépas publiques, qui a été chargé par l'Élysée de réfléchir à des modes de gestion alternatifs de l'école.

Cela a quand même été un mini-traumatisme quand le ministère de l'Éducation nationale, le fameux immeuble de la rue de Grenelle, a été mis en vente mais les riverains ne se plaignent pas de la paix retrouvée après toutes ces années de manifestations incessantes sous leurs fenêtres. Finalement, ce sont les syndicats de l'Éducation nationale qui ont le plus perdu car le gouvernement a décidé de ne plus leur permettre d'utiliser les quelque 8 000 professeurs qui travaillaient pour eux à plein temps tout en émargeant sur les fonds du ministère. On a vu alors ressurgir des milliers d'enseignants qui n'étaient plus devant les élèves depuis des années et à qui il a fallu trouver de nouvelles missions. La plupart d'entre eux ont trouvé du travail dans les nouvelles écoles privées et peuvent imaginer les pédagogies innovantes que jamais la rue de Grenelle ne les autorisait à inventer. Dans les écoles nouvelle formule, les entreprises et les entrepreneurs ont pu communiquer avec les élèves, leur expliquer leurs besoins et leur travail au quotidien. Les élèves ont rapidement compris que certaines filières ne les mèneraient à rien et la France a commencé, comme la Finlande, à former ses étudiants en adéquation avec les besoins du marché du travail. Résultat : de 79 % de jeunes diplômés qui envisageaient en 2013 de chercher leur premier emploi à l'étranger, 65 % sont aujourd'hui confiants et pensent même à créer leur propre structure grâce aux cours d'entrepreneuriat qu'ils suivent maintenant dès la 6ᵉ.

D'ailleurs, les 35 heures que nous avions connues n'existent plus. Et les RTT ne sont plus qu'un souvenir. Dans les PME, les comités d'entreprise ne sont présents aujourd'hui qu'à partir de 250 salariés et les délégués du personnel à partir de 50, ce qui permet aux petites entreprises de créer plus d'emplois. L'autorisation de travail le dimanche et de nuit est beaucoup plus large et permet aux étudiants qui le souhaitent de cumuler études et revenus. Et puis le droit de grève a – enfin – été plus encadré. Pour faire grève, les agents doivent maintenant être plus de 75 % à le décider et ne peuvent se déclarer en grève que si la revendication n'est pas politique. Alors qu'il n'y avait plus un jour sans incident voilà cinq ans, trains et RER ont retrouvé une meilleure ponctualité. On s'est remis au travail avec une énergie qui rappelle un peu la reconstruction d'après-guerre. Cette fois, cela n'a pas été la guerre au sens propre mais la guerre des idées et les idées destructrices ont bien failli triompher.

Les hôtels de région ainsi que les hôtels de ville des mairies supprimées ont été aussi vendus. Cela a permis de renflouer les finances des collectivités locales de manière non négligeable : 30 milliards d'euros ont été dégagés pour le désendettement alors que la dette des collectivités était de 111 milliards d'euros. Le plus frappant dans ces cessions des collectivités, c'est que certaines avaient totalement oublié quelques-unes de leurs possessions immobilières ou foncières et leur valeur réelle. La France a réalisé à ce moment-là que jamais il n'y avait eu de réelle évaluation des biens des collectivités locales et que le chiffre de 278 milliards (en 2008) était totalement faux (plus de 15 % d'erreur).

Depuis cinq ans, le nombre d'agents est passé de 5,3 millions à 4,5 millions et pourtant, toutes les enquêtes d'opinion montrent que les Français sont beaucoup plus satisfaits de leurs services publics. Il faut dire que la e-administration est le nouveau credo de la relation avec les administrés. Désormais chaque Français dispose d'une armoire électronique sécurisée pour ses propres documents personnels stockables et conservables à volonté : livret de famille, actes de propriété, déclarations fiscales, dossier médical, dossiers sociaux, etc., accessible grâce à la nouvelle carte d'identité électronique biométrique e-ID qui cumule les avantages de la carte actuelle mais également ceux de la carte Vitale et du permis de conduire. Elle sert désormais à tous les rapports des citoyens avec l'administration, généralement sans contact mais via le téléphone, la tablette ou l'ordinateur portable.

La plupart des procédures sont réalisées à distance, de façon sécurisée. La réponse des services publics est quasi immédiate, sans déplacement des individus, ce qui facilite l'accessibilité des services vers les publics les plus âgés ou les plus fragiles. Des prestataires privés sont chargés de ce contact au dernier kilomètre, significativement en milieu rural, par l'intermédiaire notamment du réseau des postiers...

La nouvelle devise des services publics est « au service des citoyens ». Dans les grandes entreprises publiques, le changement aussi est total : la moitié des participations dans EDF ont été cédées à des actionnaires privés. La SNCF a bien dû accepter des concurrents sur ses lignes, pour la plus grande joie des voyageurs, quels que soient leurs budgets : ils étaient lassés de payer plus de 70 euros pour faire un Paris-Bordeaux... maintenant, ils découvrent les trains low cost de Veolia et Arriva et ne boudent pas leur plaisir, d'autant que le TGV ne joue plus aux omnibus et est véritablement rapide. Cela a été rendu possible par la cotation en bourse du groupe SNCF – un succès : les gens s'arrachaient les actions dès le premier jour. À partir de ce moment-là, la SNCF a accepté sur le territoire hexagonal la concurrence qu'elle plébiscite ailleurs.

Hier, au 20 heures de France 2, était interviewée une jeune entrepreneure partie de France en 2012 pour monter sa start-up à Berlin et qui revient ; un exemple parmi d'autres rendu possible grâce aux nouvelles mesures fiscales d'incitation qui permettent d'investir jusqu'à 1 million d'euros dans des start-up en déduction de l'impôt sur le revenu. La France est en pleine opération séduction pour faire revenir ses forces entrepreneuriales et s'en donne les moyens : une amnistie fiscale est en cours avec engagement de stabilité fiscale, déjà plusieurs milliards sont rentrés selon Bercy.

Demain, colloque à Londres. Dans la salle nous attendons 1 000 Français expatriés pour leur parler des réformes de la France. Pour leur montrer que les réformes fiscales qu'ils attendaient ont été faites et qu'investir en France est devenu plus intéressant. L'impôt sur les sociétés est de 18 % maintenant, l'ISF a disparu et l'imposition des plus-values de cessions de parts d'entreprises aussi... Sur les 1 000, je pense qu'on en convaincra 200 de rentrer en France. Cela a été la vraie bonne décision et on s'est rendu compte à cette occasion de ce que Bercy n'avait jamais voulu avouer : la fiscalité des plus-values mobilières sur les entreprises non cotées ne rapportait quasiment rien à l'État.

Et si demain on changeait tout ?

C'est une nouvelle France qui démarre et l'on ressent partout beaucoup d'enthousiasme, comme une fierté retrouvée à l'aune des désespoirs d'antan d'être sorti d'un système favorisant corporatisme et connivence qui ne profitait qu'à quelques-uns en bloquant tous les autres.

La France respire, on a évité le mur.

ANNEXES

COMMENT ÉVITER LE MUR

1

Les objectifs

Objectif n° 1 : Mener la revue des missions publiques de l'État, des régions et des communes et les répartir en supprimant les doublons

Comment on fait :

Supprimer la clause générale de compétence à tous les niveaux et répartir les missions publiques, transférer au privé les missions les moins essentielles (météo, contrôle aérien, SNCF, RATP, contrôle des exploitations agricoles, la plupart des opérateurs de l'État, les universités, etc.) *et adapter le réseau déconcentré de l'État à la nouvelle carte des régions et à la suppression de l'échelon départemental.* Pour cela, il faudrait conserver seulement 14 préfectures régionales, ce qui n'empêcherait en rien de conserver des services publics de proximité en se servant du réseau de La Poste et de ses 17 000 points de contact pour retirer les documents d'identité, cartes d'immatriculation, permis de conduire...

Tableau simplifié de la nouvelle répartition des missions

	État et opérateurs de l'État	Régions	Agences d'État régionalisées	Secteur communal (intercommunalités et communes)
Formation professionnelle et apprentissage	Définition de la politique nationale	Définition de la politique régionale et mise en œuvre des services publics		
Enseignement	Politique éducative (réglementation, inspection et programmes)	Universités (bâtiments et personnels), agences régionales éducatives chargées du financement		Lycées, collèges, écoles (bâtiments et personnels)
Culture, vie sociale, jeunesse, sports et loisirs	Archives nationales, RMN	Archives, bibliothèques		Bibliothèques, musées, Enfance (crèches, centres de loisirs), Sport
Action sociale et médico-sociale	Réglementation et schéma national des opérateurs		Organisation (PMI, ASE, MSA) et versement des prestations fusionnées	Centres d'hébergement et de réinsertion sociale
Urbanisme	Projet d'intérêt général, opérations d'intérêt national	Directions territoriales d'aménagement		PLUT, SCOT, permis de construire, ZAC
Aménagement du territoire (grands équipements et environnement)	Politique d'administration territoriale de la République (voies navigables et équipements d'intérêt national), réglementation sur l'eau et les énergies	Schéma régional (ports maritimes, de commerce et de pêche, aérodromes), espaces naturels régionaux		Déchets (collecte et traitement), eau (distribution et assainissement)
Voirie et transports	Réglementation	Schéma régional avec intégration des voies départementales et nationales, des transports ferroviaires régionaux et transport hors secteur communal		Transports urbains et scolaires
Communication	Réglementation	Gestion des réseaux		
Logement et habitat				Financement, par ces aides, du programme local d'habitat
Développement économique	Politique économique	Aides directes et indirectes		
Sécurité	Politique générale et polices spécifiques	Groupements d'intervention régionale, incendie et secours		Police municipale, circulation et stationnement, prévention de la délinquance

Objectif n° 2 : Finir la réforme inachevée de l'État

Comment on fait :

Réduire de 4 423 à 1 100 structures les services déconcentrés de l'État d'ici 2020. Seraient conservés les trésoreries spécialisées, les services des impôts des particuliers et des entreprises, les services de la publicité foncière qui pourraient être transférés ensuite au niveau régional.
Réduire le nombre d'opérateurs de l'État de 1 244 à 800. L'enjeu ne se limite pas seulement à la fusion de toutes ces agences mais dans les limites à mettre à leur autonomie de gestion : interdiction temporaire de recruter, plafond d'emplois, gestion de la trésorerie et du patrimoine ou plafonnement des taxes affectées, tout en les poussant à développer des ressources propres avec des gains de productivité alignés sur ceux du privé, comme en Suède. Les autorités administratives indépendantes devraient être obligées de publier leurs comptes. Les EPIC (établissements publics industriels et commerciaux) doivent développer une stratégie permettant de faire en sorte que les ressources propres soient plus importantes que les subventions pour charge de service public.
Réduire le réseau diplomatique de 401 à 360 postes pour 2022. Revenir sur le principe d'universalité en fermant, en priorité, 10 ambassades et 30 consulats en Europe et en Afrique. Ces fermetures ramèneraient le réseau français à environ 360 postes dans le monde grâce aux régionalisations et à un rapprochement avec la diplomatie de l'Union européenne via des co-localisations et des mutualisations. Vendre les murs des ambassades supprimées et ce, depuis France Domaine qui a vocation à devenir le véritable gestionnaire du « foncier de l'État ».

Objectif n° 3 : 5 000 super-communes en France d'ici 2030

Comment on fait :

Fusionner les intercommunalités et les communes françaises en 5 000 super-communes. Dans un premier temps, un regroupement des communes et des intercommunalités au niveau de chaque canton pourrait être un mouvement volontaire mais fortement accéléré et encouragé par la mise en place d'un bonus/malus pour les communes qui participeraient à ce mouvement. Ce système de bonus/malus fonctionnerait sur la base d'incitations budgétaires (dotations de l'État) pour les petites communes selon les objectifs de rationalisation atteints (fonctionnement et investissement). Pour les communes de plus de 5 000 habitants, ce système de bonus/malus pourrait se focaliser uniquement sur la baisse des dépenses de fonctionnement. Les communes conserveraient toujours des compétences larges (aménagement et urbanisme, habitat, environnement, traitement de l'eau et des déchets, transports scolaires, assistance sociale, culture) et des compétences nouvelles dans l'éducation avec la gestion des bâtiments et du personnel des lycées, collèges et écoles.

**Objectif n° 4 : Embaucher les enseignants
au niveau local**

Comment on fait :

Gérer avec des agences l'éducation au niveau des régions en fusionnant les 127 académies et directions académiques dans l'administration régionale. Ces agences seraient chargées de financer la politique éducative et la masse salariale des enseignants et donc de subventionner les 5 000 communes responsables du recrutement. Les agences régionales seraient aussi chargées de la passation de contrats avec plus d'établissements privés[1]. Cela permettrait l'expérimentation d'un forfait d'éducation par élève qui serait de 80 % du coût moyen d'un élève dans le système public. En parallèle, seraient renforcés les effectifs liés aux contrôles internes (contrôles pédagogiques et administratifs) dans le cadre d'un corps d'inspection unifié. L'État, quant à lui, conserverait ses compétences pour la fixation des programmes.

Charger les 5 000 super-communes des établissements et du personnel. Les communes disposeraient de la gestion des bâtiments des écoles, collèges et lycées, de la masse salariale du personnel non enseignant et du recrutement des enseignants en coordination avec les établissements. Une plus grande autonomie dans le recrutement et la gestion serait donnée aux chefs d'établissement et aux directeurs d'école qui seraient les supérieurs directs, à la fois du corps enseignant et du personnel technique.

Annualiser à 800 heures par an le nombre d'heures enseignées des professeurs du second degré (collège et lycée). Cela

---

1. En supprimant la règle du 80/20 qui veut que 80 % des moyens soient alloués aux écoles publiques.

revient à réformer le statut des enseignants de 1950 en passant de 18 heures enseignées par semaine à 800 heures enseignées par an pour tous les professeurs du second degré (y compris les agrégés) et à instaurer la bivalence (enseignement de deux matières par professeur). Introduire la notion de performance dans le calcul de la rémunération des enseignants, diversifier leurs statuts et types de contrats devraient permettre de dynamiser les carrières. En plus d'une notion de performance, l'ancienneté des enseignants serait calculée en fonction du nombre d'heures réelles d'enseignement (et donc des heures passées devant les élèves) et non plus en fonction du temps passé après l'obtention du concours.

Objectif n° 5 : 4,5 millions d'agents maximum dans la fonction publique française d'ici 2022

Comment on fait :

Mettre fin au principe d'unicité de la fonction publique. Ce principe aboutit actuellement à faire subir aux gestionnaires locaux la politique salariale, notamment les valorisations de point d'indice et autres, menée depuis Paris. Y mettre fin et développer un système de rémunérations commun devrait stopper l'inflation incontrôlable de la masse salariale de la fonction publique territoriale. Chaque gestionnaire local serait devant ses responsabilités et devrait décider de sa propre politique salariale. Dans ces conditions, les centres départementaux de gestion des personnels de catégories B et C pourraient être fusionnés au niveau régional avec les centres territoriaux de la fonction publique territoriale.

Gel de 5 ans des embauches dans la fonction publique.
Serait décidé un gel des embauches dans la fonction
publique territoriale pendant 5 ans suivi par le non-
remplacement d'un départ en retraite sur deux pendant 3 ans, ce qui aboutirait à la suppression de
362 000 postes. Il importe de travailler spécifiquement
sur le bloc communal (intercommunalités et communes) car c'est là que les augmentations d'effectifs
ont été les plus massives hors décentralisation[1]. Une
politique qui sera facilitée par le rythme actuel des
départs à la retraite dans la fonction publique territoriale : entre 50 000 et 60 000 départs par an jusqu'en
2025. En parallèle, organiser un gel des embauches dans
la fonction publique d'État pendant 2 ans puis mettre

---

1. Voir en particulier les statistiques du rapport de l'Association des maires de France sur les effectifs dans la fonction
publique territoriale, 28 février 2013, p. 22. Les effectifs hors
transfert liés à la décentralisation entre 1998 et 2010 montrent
sur le bloc communal une augmentation spontanée de
299 100 agents dont 120 600 liés à la création des intercommunalités à fiscalité propre et 178 500 dans les communes
hors transfert de personnel vers les intercommunalités et hors
emplois aidés. Une tendance qui ne devrait pas s'inverser en
2014 étant donné les derniers indicateurs du *Baromètre RH
des collectivités locales 2014* Randstad. Il apparaît que 24 % des
collectivités interrogées entendent augmenter encore leurs
effectifs quand seulement 20 % entendent les réduire. Un
phénomène qui commence à être dénoncé par les régions
elles-mêmes, Alain Rousset président de l'Association des
régions de France affirmant au Sénat, le 13 novembre 2014 :
« La France a confondu emploi public et service public [...]
le bond de la fonction publique territoriale c'est les intercos.
Et les redondances entre les syndicats, il faut que vous mettiez
de l'ordre là-dedans, c'est le bazar et le bazar coûte cher. »
Propos recueillis par *Acteurs publics,* 14 novembre 2014, « Le
patron des régions fustige la politique de recrutement des
"intercos" », par Sylvain Henry.

en place une politique de non-renouvellement d'un départ en retraite sur 3 pour supprimer 198 000 postes. La décision d'un gel des embauches devrait s'imposer pour les opérateurs de l'État aboutissant à la suppression de 71 000 postes. Au final, ce sont 632 000 postes qui devraient être supprimés en 8 ans (voir tableaux en annexe 3). Cela permettrait à terme de réaliser une économie de 15 milliards d'euros.

Revenir aux 39 heures dans les trois fonctions publiques en supprimant les RTT. La politique de réduction de postes publics serait également accompagnée d'une politique de rajout d'une heure hebdomadaire de travail pour tous les agents par an et sur 4 ans. Ce qui aboutirait en réalité à la suppression totale des RTT dans la fonction publique dans son ensemble d'ici 2022[1].

Objectif n° 6 : Des embauches publiques uniquement sous contrat de droit privé dans le non-régalien à partir de 2020

Comment on fait :

Réserver le statut de la fonction publique (embauche sur concours et emplois à vie) aux 700 000 agents régaliens (Défense, Justice, Police). À la reprise des embauches dans la fonction publique, tous les nouveaux entrants dans le secteur public non régalien seraient embauchés sous contrats privés en CDD ou CDI. Des contrats identiques à ceux du privé (temps de travail, négociation des rémunérations, jour de carence, congés, retraites...) qui permettraient d'embaucher par entre-

---

1. La suppression des RTT des agents publics générerait l'équivalent de 500 000 ETP.

tien et examen des CV, d'évaluer les personnels, d'instaurer une rémunération à la performance et de faire baisser l'absentéisme. Pour la haute fonction publique, l'on peut introduire des quotas graduels de 15 à 25 % de contractuels en s'appuyant comme au Royaume-Uni sur une « bourse » de type *Crown Commercial Recrutment Hub* qui a permis d'intégrer 68 % des cadres issus du privé.

Passer de 1 851 à 500 régimes indemnitaires maximum et à 50 corps. Le rapprochement des régimes indemnitaires de la fonction publique d'État aura un coût si l'on « aligne » par le haut les rémunérations et c'est pour cela qu'il faut s'attaquer en parallèle à la réduction du nombre de corps et à la convergence des primes gagée par une baisse des effectifs des agents publics. Pour la fonction publique territoriale, s'inspirer de la Suède qui négocie sa grille indiciaire tous les 3 ans avec les syndicats.

6 jours de carence maximum indemnisés par an dans la fonction publique. L'introduction d'un seul jour de carence avait constitué une amélioration en agissant sur les petites absences répétitives jusqu'à son abrogation en janvier 2014. Entre 2011 et 2014, les arrêts d'une journée avaient baissé de 43,2 % dans la fonction publique territoriale pour une économie de 163 millions d'euros par an pour les trois fonctions publiques. L'idée serait ici de passer à trois jours de carence en instaurant, comme dans la convention collective bancaire, la règle suivante : un maximum de 6 jours de carence par an serait pris en charge (hors primes). Ce dispositif, plus fin que le jour de carence précédemment adopté, devrait permettre de lutter contre l'absentéisme dans les trois fonctions publiques et de réaliser de l'ordre de 2 milliards d'euros d'économies pour les seules collectivités locales.

Limiter le droit de grève pour les agents en charge d'une mission de service public et ce, quel que soit leur statut, public ou privé (contractuels ou statutaires), afin d'interdire les grèves « politiques » ou les grèves de « solidarité ». L'idée serait de n'autoriser une grève que si les effectifs l'approuvent à 50 % par vote secret.

Objectif n° 7 : Recentraliser l'action sociale et baisser les dépenses de protection sociale de 33 à 30 % du PIB

Comment on fait :

Diviser par deux le nombre d'organismes et de mandats paritaires. L'idée serait de retirer aux partenaires sociaux la gestion des organismes paritaires qui concernent l'ensemble de la collectivité : assurance maladie, retraite, famille et emploi. Les retraites de base et les complémentaires seraient fusionnées (CNAV, Agirc et Arrco), les régimes spéciaux supprimés. La responsabilité des comptes de ces organismes serait du ressort de l'État et leur gestion confiée en délégation de service public avec un cahier des charges précis et exigeant des objectifs réguliers d'amélioration. Pour la formation professionnelle et le 1 % logement, les défraiements des mandats seraient supprimés.

Unifier, plafonner et fiscaliser les aides sociales versées sur critères sociaux, passer d'une centaine d'aides à une seule aide. Il s'agit du point de départ d'une remise à plat de notre modèle social. La première étape serait de fusionner les aides versées sous critère de revenus[1], tous les tarifs sociaux et les cartes de transport. Cela implique de

---

1. RSA, allocation de solidarité spécifique, prime pour l'emploi, toutes les prestations familiales et maladie, prime de rentrée scolaire, prime de Noël et réduction des taxes d'habitation…

fusionner aussi les financeurs (conseils généraux, centres communaux d'action sociale, caisses d'allocations familiales...). Compte tenu de l'extrême complexité du système actuel, il est impossible de connaître les montants cumulés en aides sociales par foyer fiscal. Fiscaliser les aides en complément de revenus permettrait d'avoir cette information et de faire supporter le même impôt par un euro de revenu du travail ou un euro issu de la solidarité nationale. Cela permettrait aussi de plafonner les revenus d'assistance par foyer fiscal à un maximum de 1 300 euros par mois.

Centraliser la gestion des aides sociales pour mettre fin à l'éparpillement des fonctions « sociales » des collectivités. L'idée serait d'aboutir en France à l'équivalent de la Banque carrefour de la Sécurité sociale belge. Celle-ci permet une mise en relation des demandeurs, via leur e-carte d'identité qui est également une carte Vitale, avec les organismes sociaux, l'état civil et l'administration fiscale. Ainsi, il serait possible, en un clic, de vérifier les droits aux prestations. Cela permettrait aussi de renforcer la lutte contre la fraude[1] et de limiter les non-recours. Un tel dispositif procéderait du principe « dites-le-nous une fois » actuellement lancé dans le cadre du Secrétariat général à la modernisation de l'action publique (SGMAP). À ce titre, l'assuré social

---

1. Des avancées timides existent actuellement avec la mise en place du fichier d'échange entre fisc et sécurité sociale, le fichier RNCPS qui existe depuis 2007 sans déploiement effectif jusqu'à l'amendement n° 177 du député Gérard Bapt déposé après l'article 66 du PLFSS 2015 et accepté à l'unanimité par l'Assemblée nationale lors de la 3ᵉ séance du 23 octobre 2014. Ce dispositif ne serait pleinement efficace que conjugué avec la taxation des prestations en espèces au premier euro. Mais cette disposition n'est qu'un palliatif et non une vraie réforme du back office sur le modèle belge.

n'aurait plus à faire le tour des guichets des différents organismes.

Objectif n° 8 : Limiter le nombre de lois, de taxes et de normes

Comment on fait :

Passer de 360 taxes à un maximum de 100 pour décomplexifier le maquis fiscal. Quatre politiques sont nécessaires : 1. Instaurer la transparence avec un suivi national régulier d'un compteur des prélèvements obligatoires. 2. Baisser progressivement le nombre des recettes affectées en procédant à des « re-budgétisations ». 3. Supprimer les taxes sur la production d'un gain inférieur au milliard d'euros qui pèsent sur les entreprises, en les intégrant à l'impôt sur les sociétés et en fusionnant les taxes affectées sur la consommation. En résulterait une TVA plus élevée, un impôt sur les sociétés plus important, une assiette plus large (suppression de certaines niches fiscales et sociales) et une imposition plus cyclique, c'est-à-dire qui ralentit dans les périodes de crise. 4. Inscrire dans une loi organique modifiant la LOLF la non-rétroactivité fiscale et la pérennité de toute déduction fiscale pour au moins 5 ans afin de rassurer les investisseurs et les ménages.

Baisser de 10 % le stock de lois et de normes. De 2000 à 2008, le stock passe de 9 000 lois et 120 000 décrets à 10 500 lois et 127 000 décrets auxquels s'ajoutent 7 400 traités et 17 000 textes communautaires. Au final, usagers, administrations et entreprises doivent s'y retrouver dans plus de 29 millions de mots répartis dans 267 222 articles. Impossible. Il faut, à la fois, couper dans le stock et contrôler chaque nouvel ajout. Guillaume Poitrinal propose la création d'un organisme indépendant qui réaliserait l'analyse de l'impact économique de chaque mesure qui touche les entreprises mais ce ne serait pas suffisant. Pour distinguer les coûts liés aux transpositions des lois communautaires et à toute l'activité législative propre à la France, systématiquement, les effets économiques d'un projet de loi devraient être mesurés avec précision et rapportés au PIB afin de pouvoir imposer aux pouvoirs publics des cibles de « simplification normative ». Par ailleurs, les études d'impact réglementaires devraient être rendues publiques.

Adopter la règle d'or effective de « One in/One out ». En plus de la réduction de 10 %, pour chaque norme nouvelle, une ancienne devrait être éliminée comme les Britanniques en ont fait leur règle : « *one in, one out* ». En clair, afin d'éviter toute charge supplémentaire et pour contrôler l'inflation normative source de complexité, chaque nouvelle règle est compensée par une suppression.

Objectif n° 9 : Un régime unique de retraite par points, un âge de départ à 65 ans en 2023 à raison de deux trimestres de plus par an (avec une part de capitalisation)

Comment on fait :

Mettre en place un régime de retraite unique par points avec une part de capitalisation. La réforme des retraites suédoise montre la voie d'un système moderne de retraite : un régime unique – universel – qui n'est plus un obstacle à la mobilité des actifs, ni une source de complexité et de surcoût administratif pour les entreprises et qui mettrait tout le monde sur un pied d'égalité s'agissant des droits non contributifs à la retraite (droits à pension reconnus pour l'éducation des enfants, la réversion, les périodes de chômage). Une retraite par points prise à 65 ans et calculée sur toute la carrière est à la fois lisible et permet à chacun de savoir, tout au long de sa vie, sur quelle retraite il peut compter. Un système à cotisation définie (pas au moyen de règles obscures et complexes sans cesse modifiées aujourd'hui comme la durée de cotisation, l'âge légal, les surcotes et les décotes...), c'est-à-dire qui s'ajuste sur l'espérance de vie et la croissance. Enfin, une part de retraite par capitalisation obligatoire (et progressive à terme) pour compléter le système par répartition et renforcer notre système d'investissement dans les entreprises françaises.

Objectif n° 10 : Santé, responsabiliser les patients et réduire les redondances d'examens

Faire payer le patient à l'avance, soit l'exact inverse de ce que prône actuellement le gouvernement avec le tiers payant généralisé. L'urgence est de responsabiliser les patients sur le coût de notre système de santé. Trop de patients n'honorent pas leurs consultations sans prendre la peine d'annuler. Or, impossible de dresser une « liste noire » pour refuser les récidivistes. La solution en place dans les pays du nord de l'Europe est de faire payer la consultation à l'avance à la prise de rendez-vous. Le remboursement par la Sécurité sociale se ferait après, si la consultation a eu lieu. Même chose pour l'hospitalisation. Payer une partie des frais à l'avance devrait limiter les abus. Un tel système est déjà

214

en place pour les patients étrangers qui ne bénéficient pas de la Sécurité sociale française. Également, réduire les séjours hospitaliers inutilement prolongés, augmenter le taux de retour anticipé à domicile et mieux orienter les patients vers les prises en charge adéquates.

Partager les dossiers médicaux numériques déjà existants pour éviter les redondances d'examens et de prescriptions. Un dossier informatisé a été installé dans la plupart des établissements privés et commence à l'être dans certains établissements publics ; il existe aussi dans les pharmacies. Mais ces dossiers médicaux ne sont utilisés qu'à l'échelon local et ne sont pas partagés par les différents acteurs de la santé (médecins généralistes, spécialistes, services d'urgences et d'hospitalisation). Les redondances dans les examens, voire dans les prescriptions médicamenteuses n'apparaissent ainsi jamais. La solution serait de connecter les dossiers médicaux numériques qui existent déjà sur les patients. Les patients seraient incités à autoriser ce partage de données en bénéficiant d'un meilleur remboursement des soins.

Objectif n° 11 : Flexibiliser le marché de l'emploi, simplifier et alléger le code du travail en passant de 10 628 articles à 5 000

Comment on fait :

Sortir de la durée légale de 35 heures en permettant de négocier le temps de travail par entreprise dans une fourchette entre 32 et 42 heures par semaine. La durée du travail doit être rendue flexible en permettant des « accords offensifs » de maintien de l'emploi. Ces accords pourraient jouer à la hausse ou à la baisse du temps de travail dans l'entreprise et permettraient de baisser les salaires si nécessaire. Les heures supplémentaires seraient majorées à partir de la 40ᵉ heure. L'annualisation du temps de travail serait plus souple (plus besoin de demander l'accord individuel du salarié s'il y a un accord du personnel).

Autoriser l'ouverture 24 heures sur 24 et 7 jours sur 7 des magasins et des services. Le gouvernement envisage de permettre aux maires d'autoriser jusqu'à 12 ouvertures par an pour les magasins le dimanche. C'est totalement insuffisant. Dans un contexte de plus en plus marqué par le commerce en ligne, l'autorisation de l'ouverture des magasins et des services 24 heures sur 24 et 7 jours sur 7 passe par une réécriture de l'article L. 3132-3 du code du travail qui précise : « Dans l'intérêt des salariés, le repos hebdomadaire est donné le dimanche. »

Donner à l'employeur le droit de licencier en le laissant seul juge de sa décision. Aujourd'hui, c'est souvent le juge qui détermine s'il y a ou non cause réelle et sérieuse du licenciement. Cela ne devrait pas être le cas comme l'a souligné dans ses travaux le Prix Nobel d'économie, Jean Tirole. Il faut soit assouplir et rendre prévisibles les conditions des licenciements des salariés en CDI, soit ne plus chercher à empêcher le recours aux contrats précaires et autoriser beaucoup plus largement le recours aux CDD en augmentant leur durée maximum à 36 mois. Il est aussi urgent d'enserrer la liberté des juges concernant la « cause réelle et sérieuse » des licenciements, surtout ceux qualifiés d'économiques, dans des limites strictes respectant la règle suivant laquelle l'employeur reste seul juge de ses décisions et de leur opportunité, en interdisant aux tribunaux de se substituer à lui.

Négocier des Smics par région ou par branche. Alléger le coût du travail en France passera par la négociation de plusieurs Smics négociés par branche par les entreprises et les syndicats. Jusqu'en 1968, il n'y avait pas un Smic en France mais 20 Smics régionaux. À 9,53 euros de l'heure brut, notre Smic est le plus élevé d'Europe (hors Luxembourg). L'idée serait de revenir à plusieurs Smics et d'instaurer un Smic par âge (par exemple, les Pays-Bas ont un Smic progressif variant selon l'âge du salarié. Il est payé à 72 % du Smic pour les salariés en dessous de 22 ans et à 75 % du Smic pour les salariés de 23 ans).

Supprimer du code les dispositions les plus pénalisantes pour les employeurs : c'est-à-dire les nullités de forme, les sanctions financières automatiques et/ou pénales, particulièrement les 6 mois d'indemnité minima accordés automatiquement en cas d'absence de « cause réelle et sérieuse » de licenciement, cause d'actions en justice introduites systématiquement. Aussi, simplifier le mécanisme des institutions représentatives du personnel, fusionner ces institutions et alléger les obligations des employeurs en les remontant au-delà du seuil de 250 salariés.

Rendre dégressive l'indemnisation chômage en augmentant de 4 à 8 mois de travail la condition d'ouverture des droits. Réduire à 18 mois la durée maximale d'indemnisation pour les moins de 50 ans et à 24 mois pour les 50 ans et plus. Parallèlement, abaisser le seuil de l'allocation en cas d'activité réduite et rétablir la viabilité et l'égalité des régimes (intermittents, intérimaires) avec pour objectif 2,4 milliards d'euros d'économie en régime de croisière. Et surtout donner une définition et un cadre strict à l'offre raisonnable d'emploi pour qu'un emploi rémunéré à 85 % du salaire antérieur et se situant dans un rayon de 30 km soit considéré comme « raisonnable » dès le premier jour de recherche d'emploi. La condition de l'absence de travail le dimanche doit également être retirée.

Renforcer le suivi et le contrôle de Pôle emploi en lui donnant compétence exclusive pour appliquer les sanctions, y compris concernant le RSA et recentrer ses missions sur l'accueil et l'indemnisation tout en confiant l'accompagnement et le placement des demandeurs d'emplois au secteur privé. Cela pourrait être des opérateurs privés non lucratifs sur la base d'une contractualisation forfaitaire échelonnée et incitative. Également, renforcer le rôle support du ministère du Travail sur la production d'outils standardisés, de données et d'évaluations. Enfin autoriser et encourager les évaluations indépendantes.

Objectif n° 12 : Mettre en place une fiscalité pro-entrepreneuriat

Comment on fait :

Mettre en place une fiscalité en faveur de l'investissement dans les jeunes entreprises. Pour cela, il faut sortir du plafond global des niches à 10 000 euros l'incitation à investir une partie de son impôt sur le revenu dans de jeunes entreprises. Il convient aussi de supprimer, comme au Royaume-Uni, l'imposition des plus-values à la sortie après 3 ans de détention. En parallèle, il serait efficace de revenir au prélèvement forfaitaire libératoire à 19 % (pfl) pour l'imposition des capitaux mobiliers et de rehausser largement le plafond de 45 000 euros de l'ISF-PME à 500 000 euros.

Mettre en place une fiscalité patrimoniale qui favorise l'émergence d'entreprises de taille intermédiaire (250 à 5 000 salariés). Cela passe par la suppression totale de l'ISF sur les avoirs entrepreneuriaux... Et ceci dans un premier temps, avant suppression de l'ISF.

Inscrire le principe d'un bouclier fiscal dans la Constitution. Ce bouclier serait de 60 % de prélèvements obligatoires maximum pesant sur un foyer fiscal en comptant à la fois l'impôt sur le revenu, les impôts pesant sur le capital, CSG-CRDS et les impôts locaux.

**Objectif n° 13 : Poursuivre la réforme
de la transparence de la vie publique**

Comment on fait :

Passer de plus de 600 000 élus à 55 000 élus. Revoir l'organisation territoriale (suppression des départements, 13 régions et 5 000 communes) permettra déjà de réduire drastiquement le nombre d'élus. Cela doit être complété par une réduction du nombre de parlementaires (hors députés européens) de 925 à 700. Moins de parlementaires, parce que les circonscriptions devraient être plus grandes, en harmonie avec les structures territoriales remembrées. Rien que cela devrait permettre de passer de 620 000 à 55 000 élus et de prendre acte de la réforme territoriale dans nos institutions. Moins d'élus locaux car les communes seraient désormais plus importantes, les 13 régions regroupées en entités métropolitaines plus homogènes.

Établir la transparence sur la rémunération et les dépenses des parlementaires et supprimer la réserve parlementaire : rendre imposables les IRFM[1] et faire en sorte que les abattements d'impôts pour frais professionnels des députés soient à justifier auprès des services des impôts, et non plus auprès des services de l'Assemblée. Publier annuellement les dépenses des frais professionnels des députés comme au Royaume-Uni. Publier également les éléments de rémunérations des agents de la fonction

---

1. IRFM : indemnité de représentation et de frais de mandat.

publique parlementaire, aligner la rémunération des heures supplémentaires sur celle appliquée dans la fonction publique d'État et ne verser les heures supplémentaires pour les séances de nuit qu'aux personnels réellement présents (environ 32 millions d'euros par an).

Établir un contrôle citoyen de la gestion publique grâce à l'ouverture des données publiques en confirmant le principe de la gratuité des données et leur ouverture progressive dans une logique de transparence[1]. Transparence des données publiques de l'État, des opérateurs, des collectivités territoriales et de leurs propres opérateurs ainsi que celles des organismes de Sécurité sociale et de santé[2]. Pour garantir cette transparence, il faut renforcer les prérogatives de la Commission d'accès aux documents administratifs (Cada) afin de lui permettre de s'autosaisir, de pratiquer des contrôles sur la qualité et la quantité des informations ouvertes tout en lui conférant un véritable pouvoir de sanction. Elle deviendrait une autorité indépendante de régu-

---

1. *Transparence budgétaire* : les lettres de cadrage de l'ensemble des institutions seraient désormais accessibles comme leurs données budgétaires en format LOLF ; d'*accessibilité au droit* sur les conclusions des rapporteurs publics du Conseil d'État, tout comme les avis de ce même conseil auprès des pouvoirs publics ; de la *lisibilité de l'action administrative* à partir du moment où une décision administrative est prise ou un règlement publié, l'ensemble des documents préparatoires le deviennent également (études d'impact réglementaire, rapports des corps d'inspection, etc.).

2. Le droit à l'accès aux données statistiques et de santé devrait permettre de recourir à l'anonymisation ciblée de données tout en les rendant utiles pour la recherche publique et privée selon des modalités moins contraignantes que le recours actuel systématique au CNIS (Conseil national de l'information statistique), au réseau universitaire Quételet ou à la Cnam.

lation de plein exercice et effectuerait un contrôle
en classification des informations protégées par l'État
y compris dans le domaine de la Défense nationale
(données comptables, données fiscales) et par le
secret commercial pour les opérateurs en lien avec la
Cnil.

**Objectif n° 14 : Engager une procédure
de désendettement minimal avec un objectif à long terme
de faire baisser en valeur la dette de 700 milliards**

Comment on fait :

*Créer un compte de compensation d'un minimum de 10 mil-
liards d'euros.* En cas d'excédents budgétaires, ceux-ci
seraient versés sur ce compte. En cas de déficit, l'écart
serait puisé sur le compte de compensation en loi de
finances ou en loi de finances rectificative, prioritairement pour financer des dépenses d'investissement. Et
surtout, en cas d'accumulation d'excédents supérieure
à 1 % du PIB (soit 20 milliards d'euros), le reliquat du
compte de compensation serait affecté prioritairement
au désendettement. Cela implique donc de couper dans
les dépenses en haut de cycle (période de croissance)
et de baisser les impôts en bas de cycle, en vertu des
plafonds de crédits limitatifs.
*Vendre 20 milliards de participations non stratégiques de
l'État d'ici 5 ans* : il faut, de toute urgence, définir quelles
entreprises sont considérées comme « stratégiques »
pour le pays et quel est le portefeuille de participations
idéal. Il est possible d'imposer un rythme (à condition
de vendre au bon prix, au bon moment et de manière
réfléchie) de 20 milliards d'euros de cessions par an
pendant 4 à 5 ans. Du côté de l'énergie, on pourrait

commencer par EDF, GDF Suez et Areva. Dans un second temps, la privatisation de La Poste et de la SNCF serait organisée, en commençant pour cette dernière par la privatisation des infrastructures des lignes à grande vitesse.

**Objectif n° 15 : Grâce à ces objectifs,
atteindre un maximum de 52 % de dépenses
publiques par rapport au PIB en 2022, 50 % en 2025**

Comment on fait :

Doter le Haut Conseil des finances publiques d'une capacité de chiffrage et d'évaluation propres. Pour cela, il est nécessaire que le HCFP dispose des données qui lui sont nécessaires au même titre que le Budget, la direction du Trésor et l'Insee[1]. Il importe également que le HCFP puisse s'autosaisir en cas de dérapage des finances publiques ou de prévisions de croissance ou d'inflation sensiblement plus faibles que la programmation des finances publiques, et qu'elle puisse produire ses propres prévisions.

Fixer pour les régions des ratios de dépenses par habitant. Pour les nouveaux ensembles départementaux et régionaux fusionnés, les restructurations doivent se penser dans une cible de dépenses par habitant. Suivant les missions, cela permettrait de rationaliser par mutualisation ou par redéploiement les structures et les postes. Près de 3 milliards d'euros d'économies sont possibles sur les dépenses des régions en s'alignant sur les meilleurs ratios de gestion actuels.

---

1. Sur le modèle, déjà efficace, de l'AIReF en Espagne.

Coordonner l'État et les collectivités sur des ratios de bonne gestion sur la masse salariale, le nombre d'agents, les dépenses de fonctionnement et d'investissement. Un comité des finances locales permettrait de distribuer les cibles financières entre l'État et les niveaux d'administration locaux. Cette déclinaison pourrait se faire via la création de conférences territoriales de l'action publique à paraître dans la loi NOTR (Nouvelle Organisation territoriale de la République). Ces dernières deviendraient coauteurs du processus de budgétisation local et déclineraient en pratique (strates, bases géographiques) l'Objectif d'évolution des dépenses locales mis en place dans la loi de programmation des finances publiques 2014-2019. Un droit à dépenser les « bénéfices » pourrait être mis en place pour les collectivités vertueuses afin qu'elles reportent d'année en année ces sommes ou qu'elles les cèdent sur la base du volontariat à des communes moins vertueuses.

Élargissement à l'ensemble des administrations publiques locales de l'interdiction de présenter un budget en déficit. Afin de valoriser les territoires ou les administrations qui adoptent les principes de bonne gestion et de sanctionner les mauvais gestionnaires, un principe de sanction financière pourrait être mis en place en cas de dérapage non anticipé des finances publiques. Le territoire non vertueux occasionnant le dérapage constaté devrait, selon un principe d'auto-assurance, mettre en place les éléments financiers permettant de corriger l'écart dans les 3 années à venir ou procéder à un tirage sur les crédits vertueux d'autres collectivités mais, là encore, contre un engagement de meilleure gestion. Pour cela, les informations financières devraient être publiées régulièrement avec un retraitement en comptabilité budgétaire puis nationale (sur le mode espagnol ou italien) et une fréquence semestrielle ou trimestrielle au travers du réseau des trésoreries qui pourrait ainsi être mis à contribution. Il y aurait ainsi un pilotage constant des finances locales, dont le Haut Conseil des finances publiques pourrait être destinataire afin de tirer la sonnette d'alarme.

Définir une cible de 52 % de dépenses publiques par rapport au PIB en 2022 dans une loi organique modifiant la LOLF. Cette cible se transformerait, une fois atteinte, en plafond et alors serait votée une nouvelle cible de 50 % du PIB. Ces 50 % seraient un maximum sur une période de 7 ou 8 ans.

Définir, une fois les 50 % de dépenses publiques par rapport au PIB atteints, un objectif de 43 % de prélèvements obligatoires maximal sur un cycle économique.

2

360 impôts et taxes

Liste des taxes, impôts et cotisations mise à jour par la Fondation iFRAP

1 Impôt sur le revenu (IR)
2 Impôt de solidarité sur la fortune (ISF)
3 Impôt sur les sociétés (IS)
4 Taxe foncière sur les propriétés bâties (TFPB)
5 Taxe foncière sur les propriétés non bâties (TFPNB)
6 Taxe d'habitation (TH)
7 Cotisation foncière des entreprises (CFE)
8 Cotisation sur la valeur ajoutée des entreprises (CVAE)
9 Contribution sur les revenus locatifs (CRL)
10 Taxe sur les surfaces commerciales (TASCOM)
11 Taxe spéciale d'équipement (désormais remplacée par la taxe d'aménagement)
12 Taxe additionnelle à la TFPNB
13 Taxe sur l'enlèvement des ordures ménagères (TEOM)
14 Taxe destinée au financement des conseils d'architecture, d'urbanisme et de l'environnement (CAUE)
15 Redevance départementale sur l'aménagement des espaces naturels et sensibles (TDENS)
16 Taxe de balayage
17 Taxe locale sur la publicité extérieure (TLPE)
18 Impositions perçues au profit des communautés urbaines
19 Contribution additionnelle de solidarité pour l'autonomie
20 Prélèvement sur les bénéfices tirés de la construction immobilière
21 Taxe hydraulique au profit des voies navigables de France
22 Taxe intérieure sur les produits pétroliers (TIPP)
23 Contribution additionnelle à l'impôt sur les sociétés
24 Taxe sur la consommation de charbon
25 Taxes générales sur les activités polluantes (TGAP)
26 CRDS (Contribution pour le remboursement de la dette sociale)
27 CSG (Contribution sociale généralisée)

28 Taxe forfaitaire sur les métaux précieux
29 Contribution à l'AGS (Association pour la gestion du régime de garantie des créances des salariés)
30 Redevances pour droit de construire EPAD (Établissement public d'aménagement et de développement)
31 Droit sur les cessions de fonds de commerce et opérations assimilées
32 Droits sur les ventes d'immeubles
33 Droit sur les cessions de droits sociaux
34 Droits de succession et de donation
35 Prélèvement non libératoire forfaitaire sur les dividendes et distributions assimilées
36 Droit du permis de chasse
37 Droit de validation du permis de chasse
38 Taxe sur la musique (SACEM – SPRE)
39 Taxe sur les plus-values immobilières autres que terrains à bâtir
40 Impôt sur les plus-values immobilières
41 Cotisation additionnelle versée par les organismes HLM et les SEM
42 Cotisation versée par les organismes HLM et les SEM
43 Redevances perçues à l'occasion de l'introduction des familles étrangères en France
44 Taxe sur les spectacles perçue au profit de l'Association pour le soutien des théâtres privés
45 Taxe sur les transactions financières
46 Taxe annuelle sur les produits cosmétiques
47 Taxe additionnelle à la taxe sur les installations nucléaires de base dite « de stockage »
48 Surtaxe sur les eaux minérales
49 Taxe communale additionnelle à certains droits d'enregistrement
50 Redevances proportionnelles sur l'énergie hydraulique
51 Taxe communale sur les remontées mécaniques
52 Taxe communale sur la consommation finale d'électricité
53 Redevance d'enlèvement d'ordures ménagères (REOM)
54 Taxe sur les cartes grises
55 Redevances communale et départementale des mines
56 Imposition forfaitaire annuelle sur les pylônes
57 Taxes de trottoir et de pavage
58 Prélèvement progressif sur le produit des jeux dans les casinos au profit des communes
59 Taxe sur les activités commerciales non salariées à durée saisonnière
60 Taxe forfaitaire sur la cession à titre onéreux des terrains nus qui ont été rendus constructibles du fait de leur classement
61 Taxes sur les friches commerciales
62 Taxe sur le ski de fond
63 Taxe sur les éoliennes maritimes
64 Taxe sur les déchets réceptionnés dans une installation de stockages ou un incinérateur de déchets ménagers

65 Taxe pour non-raccordement à l'égout
66 Taxes dans le domaine funéraire
67 Taxe pour obstacle sur les cours d'eau, taxe pour stockage d'eau en période d'étiage et taxe pour la protection des milieux aquatiques, redevances pour pollution diffuses
68 Redevances pour pollution de l'eau et pour modernisation des réseaux de collecte
69 Taxe départementale des espaces naturels sensibles
70 Taxe sur les nuisances sonores aériennes
71 Taxe spéciale sur la publicité télévisée
72 Octroi de mer
73 TGAP (taxe générale sur les activités polluantes) lubrifiants, huiles et préparations lubrifiantes
74 TGAP lessives
75 TGAP matériaux d'extraction
76 TGAP imprimés
77 TGAP installations classées
78 TGAP déchets
79 TGAP émissions polluantes
80 Redevances spéciales d'enlèvement des déchets non ménagers
81 Taxe sur les produits, déchets et résidus d'hydrocarbures
82 Taxe sur la publicité foncière
83 Taxe sur la valeur vénale des biens immobiliers des entités juridiques
84 Cotisation spéciale sur les boissons alcoolisées
85 Droit de circulation sur les vins, cidres, poirés et hydromels
86 Droit de consommation sur les produits intermédiaires
87 Droits de consommation sur les alcools
88 Droit sur les bières et les boissons non alcoolisées
89 Taxe sur les prémix
90 Prélèvement de 2 % sur les revenus du patrimoine et les produits de placement et contribution additionnelle
91 Contribution sociale de solidarité des sociétés
92 Contribution due par les laboratoires et les grossistes répartiteurs sur les ventes en gros aux officines pharmaceutiques
93 Contribution à la charge des laboratoires pharmaceutiques non conventionnés avec le comité économique des produits de santé
94 Contribution due par les laboratoires sur leurs dépenses de publicité
95 Prélèvement sur les ressources de différents régimes de prestations familiales
96 Redevance due par les titulaires de titres d'exploitation de mines d'hydrocarbures liquides ou gazeux
97 Droits de plaidoirie
98 Contribution due par les entreprises exploitant des médicaments bénéficiant d'une AMM (autorisation de mise sur le marché)
99 Contribution due par les entreprises fabriquant ou exploitant des dispositifs médicaux sur leurs dépenses de publicité

100 Participation des employeurs occupant 10 salariés ou plus au développement de la formation professionnelle continue
101 Participation des employeurs occupant moins de 10 salariés au développement de la formation professionnelle continue
102 Participation des employeurs occupant 10 salariés ou plus au financement du congé individuel de formation des salariés (0,2 % des rémunérations)
103 Taxe de séjour
104 Financement des congés individuels de formation des salariés sous contrats à durée déterminée CIF-CDD (1 % des salaires versés, ou moins en cas d'accord de branche)
105 Participation au financement de la formation des professions non salariées (à l'exception des artisans et des exploitants agricoles) correspondant à 0,15 % du montant annuel du plafond de la Sécurité sociale
106 Taxe d'apprentissage – versements aux centres de formation d'apprentis et aux établissements publics ou privés d'enseignement technologique et professionnel
107 Taxe départementale sur les remontées mécaniques
108 Taxe d'apprentissage – versements au titre de la péréquation
109 Contribution au développement de l'apprentissage
110 Taxe d'apprentissage
111 Contribution pour le financement des contrats et périodes de professionnalisation et du droit individuel à la formation à 0,15 % et 0,5 %
112 Taxe destinée à financer le développement des actions de formation professionnelle dans les transports routiers
113 Taxe pour le développement de la formation professionnelle dans les métiers de la réparation de l'automobile, du cycle et du motocycle
114 Taxe additionnelle à la taxe foncière sur les propriétés non bâties, pour frais de chambres d'agriculture
115 Taxe spécifique pour la Chambre nationale de la batellerie artisanale
116 Taxe pour frais de chambres des métiers et de l'artisanat
117 Taxe pour frais de chambres de commerce et d'industrie
118 Taxe spéciale d'équipement
119 Participation des employeurs à l'effort de construction (1 % logement)
120 Cotisation des employeurs (FNAL, Fonds national d'aide au logement)
121 Taxe annuelle sur les logements vacants
122 Versement de transport dû par les entreprises de plus de 9 salariés implantées en province
123 Taxe sur les titulaires d'ouvrages de prise d'eau, rejet d'eau ou autres ouvrages hydrauliques destinés à prélever ou à évacuer des volumes d'eau
124 Taxe d'aéroport
125 Contributions additionnelles aux primes ou cotisations afférentes à certaines conventions d'assurance
126 Taxes de protection des obtentions végétales
127 Taxe d'abattage (remplacée par une majoration de la CVO des éleveurs)

Annexes

231

On va dans le mur...

214 Taxe applicable aux documents de circulation pour étrangers mineurs
215 Taxe due par les employeurs de main-d'œuvre étrangère permanente
216 Taxe due par les employeurs de main-d'œuvre étrangère temporaire
217 Taxe due par les employeurs de main-d'œuvre étrangère saisonnière
218 Taxe sur le prix des entrées aux séances organisées dans les établissements de spectacles cinématographiques
219 Taxe sur les services de télévision
220 Taxe sur les ventes et les locations de vidéogrammes destinés à l'usage privé du public (taxe vidéo et VOD)
221 Taxe et prélèvements spéciaux au titre des films pornographiques ou d'incitation à la violence
222 Taxe sur les contributions patronales au financement de la prévoyance complémentaire
223 Contribution des organismes de protection sociale complémentaire à la couverture universelle complémentaire du risque maladie
224 Contribution solidarité autonomie
225 Contribution sur les avantages de préretraite d'entreprise
226 Contribution sur les indemnités de mise à la retraite
227 Contributions patronales et salariales sur les attributions d'options (stock-options) de souscription ou d'achat des actions et sur les attributions gratuites
228 Taxe portant sur les quantités de farines, semoules et gruaux de blé tendre livrées ou mises en œuvre en vue de la consommation humaine
229 Contribution annuelle au Fonds de développement pour l'insertion professionnelle des handicapés (FIPH)
230 Contribution des employeurs publics au Fonds pour l'insertion des personnes handicapées dans la fonction publique (FIPHFP)
231 Contributions additionnelles de 1,1 % au prélèvement de 2 % sur les revenus du patrimoine et les produits de placements
232 Contribution sur les régimes de retraite conditionnant la constitution de droits à prestations à l'achèvement de la carrière du bénéficiaire dans l'entreprise
233 Taxe d'équipement
234 Droits de consommation sur les tabacs (autre tabacs à fumer)
235 Taxe sur les véhicules de société
236 Taxe pour frais de chambre de métiers et de l'artisanat – chambre de métiers de la Moselle
237 Taxe pour frais de chambre de métiers et de l'artisanat – chambre de métiers d'Alsace
238 Taxe pour la gestion des certificats d'immatriculation des véhicules
239 Droits de consommation sur les tabacs (cigarettes)
240 Taxe additionnelle à la taxe annuelle sur les médicaments et les produits bénéficiaires d'une autorisation de mise sur le marché (AMM)
241 Droit progressif sur l'enregistrement des produits homéopathiques
242 Taxe annuelle relative aux dispositifs médicaux et sur les dispositifs médicaux de diagnostic « in vitro » mis sur le marché français

Annexes

233

On va dans le mur...

272 Prélèvement de solidarité sur l'eau
273 Prélèvement complémentaire 2011-2015 sur le prélèvement sur les sommes misées sur les jeux exploités par la Française des jeux, à l'exception des paris sportifs, en vue du financement des enceintes sportives destinées à accueillir l'UEFA Euro 2016
274 Part du produit de la vente des biens confisqués lorsque l'agence est intervenue pour leur gestion ou leur vente
275 Prélèvement sur les contrats participation et intéressement en déshérence
276 Droit de timbre annuel conditionnant l'accès à l'aide médicale de l'État
277 Droit affecté au fonds d'indemnisation de la profession d'avoués près les cours d'appel
278 Cotisation des chambres d'agriculture aux organisations représentatives de communes forestières
279 Cotisation des chambres d'agriculture au Centre national de la propriété forestière
280 Cotisation au profit des caisses d'assurances d'accidents agricoles d'Alsace-Moselle
281 Contributions pour frais de contrôle
282 Contributions financières des agences de l'eau à l'ONEMA
283 Contribution, assise sur les primes ou cotisations des contrats d'assurance, au profit du fonds de garantie des victimes d'actes terroristes et autres infractions
284 Contribution sur les contrats d'assurance en matière de circulation de véhicules terrestres à moteur
285 Contribution supplémentaire à l'apprentissage
286 Contribution salariale sur les carried-interests
287 Contribution pour le financement des CP, PP et du DIF à 0,15 % et 0,5 %
288 Contribution pour l'aide juridique
289 Contribution perçue sur les boissons et préparations liquides pour boissons destinées à la consommation humaine
290 Contribution forfaitaire représentative des frais de réacheminement
291 Contribution forfaitaire des organismes assureurs et contribution forfaitaire des organismes participant à la gestion du régime prévu par la loi n° 2001-1128 du 30 novembre 2001
292 Contribution des employeurs à l'Association pour la gestion du régime d'assurance des créances des salariés (AGS)
293 Contribution des chambres départementales au financement des chambres régionales d'agriculture
294 Contribution annuelle au profit de l'Institut de radioprotection et de sûreté nucléaire
295 Contribution annuelle acquittée par les personnes inscrites comme commissaires aux comptes et droit fixe sur chaque rapport de certification des comptes
296 Redevance sur l'emploi de la reprographie

Annexes

325 Taxe pour prélèvement sur la ressource en eau
326 Taxe perçue à l'occasion de la délivrance, du renouvellement, du dupli-
cata ou du changement d'une carte de séjour ou équivalent prévu par
les traités ou accords internationaux
327 Taxe exceptionnelle sur les bonus 2009 versés par les banques en 2010
328 Taxe exceptionnelle sur la réserve de capitalisation (exit-tax)
329 Taxe due par les concessionnaires de mines d'or, les amodiataires des
concessions de mines d'or et les titulaires de permis et d'autorisations
d'exploitation de mines d'or exploitées en Guyane (taxe additionnelle
aurifère)
330 Taxe d'apprentissage – Partie « hors quota » ou « part soumise au
barème » – versements aux établissements de formation
331 Taxe d'apprentissage – Part du quota réservée au financement des
CFA
332 Taxe d'apprentissage – Part du quota mentionnée au deuxième alinéa
de l'article L. 6241-2 du code du travail
333 Taxe additionnelle à l'imposition forfaitaire des entreprises de réseaux
des stations radio
334 Prélèvement sur les jeux et paris (art. 302 *bis* ZI du CGI)
335 Taxe additionnelle à la taxe professionnelle pour frais de chambres de
commerce et d'industrie de région
336 Taxe additionnelle à la cotisation foncière des entreprises pour frais de
chambres de commerce et d'industrie de région
337 Taxe additionnelle à la cotisation foncière des entreprises pour frais de
chambre régionale de métiers et d'artisanat
338 Redevances UMTS 2G et 3G
339 Redevances pour pollution de l'eau, redevance pour modernisation des
réseaux de collecte, redevance pour pollutions diffuses, taxe pour prélèvement sur la ressource en eau, taxe pour stockage d'eau en période
d'étiage, taxe pour obstacle sur les cours d'eau
340 Redevance pour pollutions diffuses
341 Participation des entreprises de plus de 20 salariés au développement
de la formation professionnelle continue [1,6 % des rémunérations]
(contrats et périodes de professionnalisation – DIF ; congés de formation ; plan de formation, hors CIF-CDD)
342 Participation au financement de la formation des professions non salariées (pêche et culture) correspondant au minimum à 0,15 % du montant annuel du plafond de la SS
343 Participation au financement de la formation des professions non salariées (entreprises du vivant, agriculture) correspondant à 0,15 % du
montant annuel du plafond de la SS
344 Contribution au service public de l'électricité
345 Droits de consommation sur les tabacs à priser
346 Taxe additionnelle à la taxe sur les certificats d'immatriculation des
véhicules instituée par l'article 101 bis du code général des impôts
347 Fraction du quota de la taxe d'apprentissage

Annexes

Taxes sur les entreprises en Europe (données IGF) selon plusieurs entreprises rencontrées

Secteur de l'entreprise	France	Allemagne	Royaume-Uni	Italie	Espagne	Belgique	Pays-Bas	Pologne	Suède
Entreprise A.	66	17	5	–	46	–	–	14	–
Entreprise B.	93	12	4	13	–	5	6	–	–
Entreprise C.	26	–	11	–	–	18	11	–	4
Entreprise D.	59	17	16	–	–	–	–	12	–

– : absences de données, l'entreprise concernée n'étant pas implantée dans ce pays

Nombre de taxes dont le rendement est inférieur à 100 millions d'euros en Europe (données IGF)

Pays	Nombre de taxes inférieures à 100 M €
France	179
Allemagne	3
R.-U.	0
Italie	24
Belgique	17
Pays-Bas	0
Espagne	6 / 130

3

Agents et masse salariale

Évolution des effectifs
des trois fonctions publiques depuis 1980

	1980	1990	2000	2012 (hors contrats aidés)	% d'augmentation de 1980 à 2012 (hors contrats aidés)	2012 (avec contrats aidés)	% d'augmentation de 1980 à 2012 (avec contrats aidés)
Fonction publique d'État	2 173 169	2 307 816	2 472 102	2 373 200	9,2 %	2 441 800	12,3 %
Fonction publique territoriale	1 021 000	1 166 364	1 371 928	1 862 400	82,4 %	1 912 800	87,3 %
Fonction publique hospitalière	670 791	783 483	855 660	1 137 000	69,5 %	1 153 200	71,9 %
Total	3 864 960	4 257 653	4 699 690	5 372 600	39,0 %	5 507 900	42,5 %

Source : Rapport annuel sur l'état de la fonction publique, édition 2013, DGAFP.

Stratégie d'économies sur les dépenses de personnel de la fonction publique territoriale si non-renouvellement des départs en retraite (ETP) secs pendant 5 ans, puis seulement 1 sur 2 pendant 3 ans

En euros	2015	2016	2017	2018	2019	2020	2021	2022	Totaux
Régions	-2 524	-2 461	-2 382	-2 306	-2 232	-1 080	-1 372	-1 315	-15 690
Départements	-9 154	-8 861	-8 578	-8 303	-8 037	-3 890	-4 707	-4 519	-56 049
Com. et étab. de moins de 1 000	-4 514	-4 352	-4 195	-4 044	-3 899	-1 879	-1 912	-1 839	-26 635
Com. et étab. de moins de 1 000 à 3 500	-4 729	-4 583	-4 441	-4 303	-4 169	-2 020	-2 526	-2 425	-29 195
Com. et étab. de moins de 3 500 à 5 000	-1 928	-1 868	-1 811	-1 754	-1 700	-824	-1 030	-989	-11 904
Com. et étab. de moins de 5 000 à 10 000	-4 569	-4 427	-4 290	-4 157	-4 028	-1 952	-2 318	-2 230	-27 970
Com. et étab. de moins de 10 000 à 20 000	-5 584	-5 405	-5 233	-5 065	-4 903	-2 373	-2 728	-2 624	-33 915
Com. et étab. de moins de 20 000 à 50 000	-8 586	-8 312	-8 046	-7 788	-7 539	-3 649	-4 194	-4 035	-52 149
Com. et étab. de moins de 50 000 à 100 000	-4 476	-4 332	-4 194	-4 060	-3 930	-1 902	-2 186	-2 103	-27 182
Com. et étab. de moins de 100 000 et plus	-4 756	-4 604	-4 457	-4 314	-4 176	-2 021	-2 323	-2 235	-28 888
Ensemble communes et étab. commun.	-39 143	-37 884	-36 665	-35 485	-34 344	-16 620	-19 218	-18 480	-237 838
SDIS	-1 017	-996	-975	-955	-935	-457	-512	-500	-6 346
Communautés urbaines	-1 246	-1 209	-1 173	-1 137	-1 103	-535	-657	-632	-7 693
Communautés d'agglomération/ SAN	-1 802	-1 755	-1 709	-1 665	-1 622	-790	-1 065	-1 027	-11 435
Communautés de communes	-1 620	-1 585	-1 550	-1 516	-1 482	-725	-1 096	-1 058	-10 632
Syndicats et autres étab. pub. intercom.	-2 220	-2 162	-2 106	-2 051	-1 998	-973	-1 312	-1 265	-14 086
OPHLM (Bilan social)	-24	-23	-22	-22	-21	-10	-14	-13	-149
CDG et CNFPT	-482	-470	-459	-448	-437	-213	-278	-269	-3 056
Ensemble des collectivités	-59 250	-57 406	-55 619	-53 888	-52 212	-25 294	-30 231	-29 078	-362 976

	5 ans	3 ans	Total
	-278 374	-84 602	-362 976

Évolution de la masse salariale hors CAS pensions 2006-2013, à périmètre courant et à périmètre constant de 2006 (y compris transferts aux opérateurs de l'État)

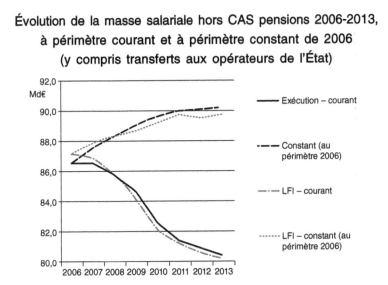

Source : Données direction du budget, calculs Cour des comptes.
Titre 2 hors CAS pension hors fonds de concours.

Stratégie d'économies sur les dépenses de personnel dans la fonction publique d'État et chez les opérateurs

	2015	2016	2017	2018	2019	2020	2021	2022	Nombre de suppressions de postes
Nombre de départs en retraite au niveau de l'État (ETP)	49 419	49 686	49 686	49 686	49 686	49 686	49 686	49 686	198 210
Suppression de postes au niveau de l'État	Gel des embauches : 49 419	Gel des embauches : 49 419	Politique du 2 sur 3 : 16 562	Politique du 2 sur 3 : 16 562	Politique du 2 sur 3 : 16 562	Politique du 2 sur 3 : 16 562	Politique du 2 sur 3 : 16 562	Politique du 2 sur 3 : 16 562	
Non-renouvellement des départs en retraite (gel des embauches) dans les opérateurs de l'État	17 759	17 759	17 759	17 759	17 759	17 759	17 759	17 759	71 037

4

36 769 communes,
15 903 syndicats intercommunaux,
27 régions, 101 départements

Pays	Population en millions	Nombre moyen d'habitants par commune	Réduction du nombre de communes	Années de réformes
Allemagne	82	6 700 hab/com	de + 30 000 à 12 196 communes	1960-1970
Royaume-Uni	63	154 000 hab/autorité	Suppression des niveaux administratifs communaux et régionaux vers 409 autorités locales	2000-2011
France	63	1 700 hab/com	37 000 communes	–
Italie	61	7 500 hab/com	8 101 communes	–
Espagne	47	5 700 hab/com	8 109 communes	–
Pays-Bas	16,7	38 700 hab/com	Seuil d'habitants minimum progressivement relevé jusqu'à 25 000 dans les années 90 : 431 communes	Depuis 1980
Belgique	11,1	18 800 hab/com	De 2 739 à 589 communes	1960-1970
Suède	9,5	32 700 hab/com	De 2 532 à 290 communes	1950-1970
Finlande	5,4	16 500 hab/com	De 416 à 326 communes	–

5

Les aides... et les dépenses

Principaux avantages sociaux non contributifs
et versés sous conditions de ressources en 2012

Avantages	Conditions de ressources maximales (euros)	Montant (euros)	Coût 2012 (en milliards d'euros)
Principaux minima sociaux			
RSA « socle » (sans revenu)	RSA = montant forfaitaire	variable	8,36
RSA « activité » (avec revenu)	+ (62 % × salaire net) – ressources		1,602
Prime de Noël (RSA)		152,45	0,377
Allocation pour adulte handicapé (AAH)	9 482,16 à 18 964,32 euros par an	790,18 par mois	7,77
Garantie de ressources aux personnes handicapées	complément de ressource de l'AAH	garantie de ressource à 969,49 euros par mois	1,204
Prestations de compensations du handicap	26 473,96 euros par an	variable	2,417
Allocation spécifique de solidarité (ASS)	644,40 (taux plein), 1 127,7 (taux réduit)	16,11 par jour	2,14
Minimum vieillesse (ASPA)	9 503,89 à 14 755,32 par an	791,99 par mois (max)	2,89
Allocation de veuvage	2 257 par trimestre	602,12 par mois (entre 2 et 5 ans)	0,059
Allocation temporaire d'attente (demandeurs d'asiles, apatrides, détenus libérés)	1 127,70 à 1 772,10 par mois	16,11 par jour	0,149
Allocation supplémentaire d'invalidité (ASI)	8 424,05 à 14 755,32 par an	de 403,76 à 807,53 par mois	0,34
Allocation transitoire de solidarité (ATS) 2011	1 669,44 par mois	de 34,78 à 54,89 par jour	0,35
Allocation transitoire de solidarité (ATS) 2013	1 669,44 à 2 399 par mois	34,78 max par jour	
Allocation équivalent retraite (AER)	626,04 à 1 669,44 par mois	1 043,4 par mois (max)	0,201
Prestations familiales			
Complément familial	45 623 à 51 839 euros par mois si les ressources dépassent le plafond pour le complément familial	168,35 par mois	1,66
Allocation différentielle		nc	0,034
Allocation de rentrée scolaire (ARS)	24 137 à 35 277 euros par mois	362,63 à 395,90	1,878
Paje (base, prime et allocation d'adoption, prime de naissance, apje longue)	pour l'allocation de base : de 35 480 à 62 499 euros par mois	pour l'allocation de base : 184,62 par enfant (et jusqu'à 3 ans après la naissance/ ou l'arrivée de l'enfant)	4,966
Paje – Assistance maternelle			5,488
Paje – CLCA et COLCA	(+ 8 515 euros par mois, à partir du 4ᵉ enfant)		2,069
Paje – Employé à domicile		variable	0,407
Bourses d'études hors enseignement supérieur	moins de 95 610 euros par an		0,858
Aides sociales facultatives versées par la CAF comme l'aide aux vacances	nc	nc	0,263
Autres avantages			
Allocations logement (à caractère familial, à caractères social, aide personnalisée...)	nc	nc	17,046
Allocation personnalisée d'autonomie (APA)	L'APA n'est pas sous condition de ressources mais une participation est due au-dessus de 2 437,81 € par mois	de 562,57 à 1 312,67 par mois	5,391
Allocation compensatrice pour tierce personne plus de 60 ans	de 9 482 à 19 964 euros par an	441,23 par mois	0,131
Prestation de compensation du handicap (PCH)	26 473 euros par an	variable	0,266
Aide juridictionnelle	- 936 à 1 954 euros par mois	variable	0,384
Autres prestations pauvreté-exclusion			
CCAS-CIAS	nc	nc	2,072
Aide sociale à hébergement	nc	nc	1,749
		Total	72,521

Le principe de libre administration des collectivités locales interdit toute vision d'ensemble ou établissement d'une liste exhaustive des avantages sociaux, délivrés sous conditions de ressources par les collectivités.

6

100 000 mandats paritaires

Répartition des conseils d'administration régis par le paritarisme

• Les CAF comptent un conseil d'administration de 24 membres,
• les CPAM comptent un conseil d'administration de 26 membres,
• les Urssaf comptent un conseil d'administration de 23 membres,
• les Cram comptent un conseil d'administration de 25 membres,
• les caisses départementales de MSA comptent 30 membres,
• les caisses régionales de RSI en comptent 36,
• la CCMSA compte 27 membres,
• la Cnav compte 34 membres,
• la Cnaf compte 38 membres,
• la Cnam-TS compte 38 membres,
• l'Acoss compte 33 membres,
• le RSI compte un conseil d'administration de 50 membres.

Extraction comptable des « frais liés aux administrateurs » dans les organismes de la Sécurité sociale (en milliers d'euros)

	Régime général	Régime social des Indépendants (RSI)	Mutualité sociale agricole (MSA)	Régime des mines	Régimes spéciaux	Total	En %
Assurances des administrateurs	205	5	171	2	11	395	1
Vacations	5 351	260	4 037	48	101	9 796	15
Pertes de salaires et de gains	3 278	532	922	33	390	5 155	8
Cotisations sociales	1 501	14	327	20	21	1 883	3
Voyages et déplacements	10 219	1 959	6 460	590	1 139	20 366	32
Frais d'organisation des élections	-	-	3 235	-	359	3 595	6
Autres frais	3 031	126	11 406	3	310	14 877	23
Formation des administrateurs	3 748	158	-	936	-	4 842	8
Secrétariat technique	2 809	-	-	282	7	3 098	5
Total	30 141	3 054	26 560	1 914	2 338	64 006	100

Source : direction de la Sécurité sociale, cité dans le rapport Perruchot.

Estimation du financement des organisations représentatives par le paritarisme (principales organisations niveau confédéral)* en 2010 (en milliers d'euros)

	MEDEF	CGPME	UPA	CFDT	CFE-CGC	CFTC	CGT	FO	Total
FONGEFOR	8 397	4 716	1 461	2 902	2 902	2 902	2 902	2 902	29 084
OCPA (et autres organismes)	1 100	473	184	3 698	3 698	3 698	3 698	3 698	20 247
Sous-total formation professionnelle (A). ESTIMATION	9 497	5 189	1 645	6 600	6 600	6 600	6 600	6 600	49 331
Acoss	221	159	167	109	109	109	109	109	1 092
Cnaf	246	162	179	117	117	117	117	117	1 172
Cnam	1 389	346	999	547	547	547	547	547	5 469
Cnav	59	59	59	35,4	35,4	35,4	35,4	35,4	354
Sous-total : régime général de sécurité sociale (B)	1 195	726	1 404	808	808	808	808	808	8 087
Total (A) + (B)	11 412	5 915	3 049	7 408	7 408	7 408	7 408	7 408	57 418
Agirc	68	75		77	95	73	74	71	533
Arrco	64	71	64	90	90	91	84	96	650
Unédic	1 407	469	469	469	469	469	469	469	4 690
AGEFIPH	147	21		40	40	40	40	40	368
APEC	458			92	92	92	92	92	918
Autres	60	77		27,4	27,4	27,4	27,4	27,4	274
Total partiel : protection sociale et emploi (C)	2 204	713	533	795	813	792	786	795	7 433
Logement social (UESL et ANPEEC) (D)	596	310		652	555	583	652	567	3 915
Total (A) + (B) + (C) + (D)	14 212	6 938	3 582	8 856	8 777	8 784	8 847	8 771	68 766
Totaux des flux financiers du paritarisme au niveau confédéral	24 732					44 034			68 766
Ensemble des ressources des organisations confédérales nettes	42 094	5 960	25 490	56 802	10 970	20 725	55 627	23 300****	
Ensemble des ressources des organisations confédérales brutes	42 875	7 436	25 202	56 949	19 425	22 279	88 820		
Part des recettes du paritarisme sur l'ensemble des ressources confédérales	33,15 %	93,30 %	14,21 %	15,55 %	45,18 %	39,43 %	9,96 %		
Financements des organisations de niveau fédéral**		20 955				38 966			59 921
Grand total organisations précédentes et autres organismes***		45 687				83 000			128 687

* Les financements concernent uniquement le niveau confédéral
** Autres centrales syndicales et niveaux inférieurs des fédérations
*** Ordre de grandeur des moyens multi-niveaux
**** Ressources financières de 2009, le bilan 2010 étant indisponible

7

618 384 élus

Comparaison du nombre de parlementaires
par pays de l'OCDE

Pays	Nombre d'habitants (en millions)	Nombre de députés	Nombre de sénateurs	Total parlementaires	Nombre d'habitants représentés par chaque parlementaire
États-Unis	303	435	100	535	566 000
Brésil	190	513	81	594	320 000
Allemagne	83	656	178	834	113 000
Italie (après réforme Renzi)	61	630	100	730	83 500
Royaume-Uni	63	650 (+ 60) (+ 123)*	**	839	75 000
Espagne	48	350	264	614	75 000
France	63	577	348	925	68 000
Italie (avant réforme Renzi)	61	630	315	945	64 550

* Plus les 60 membres de l'Assemblée nationale du pays de Galles et les 123 membres du Parlement écossais.

** Non inclus, pour le Royaume-Uni, les 779 membres de la Chambre des lords qui ne font pas partie de la représentation nationale. Une centaine d'entre eux étant lords héréditaires et le reste étant nommé à vie par le monarque, sur proposition du Premier ministre.

Rémunération des députés et des sénateurs
(brut par mois en euros)

	Député	Sénateur
Indemnité parlementaire (inclus : indemnité de base, indemnité de résidence, indemnité de fonction)	7 100	7 100
Indemnité représentative de frais de mandat	5 770	6 037
Total	12 870	13 137
Crédits pour la rémunération de collaborateurs	9 504	7 548
Indemnité des présidents	nd*	14 157

* nd : non disponible => au total, le montant brut annuel des rémunérations du président de l'Assemblée nationale et des 18 membres de son cabinet s'élève à 1,197 million d'euros.

Source : Assemblée nationale – Sénat – 2013.

Rémunérations des élus locaux

	Rémunérations annuelles	Nombre d'élus
Maires et adjoints	1 171 millions*	173 852
Élus des intercommunalités	218,6 millions*	Plus de 38 000
Ville de Paris	12,1 millions*	–
Conseils régionaux	58,3 millions*	2 040
Élus départementaux	118,160 millions**	4 054
Parlementaires (hors députés européens)	312,090 millions***	925
Président de la République	178 924 euros	1
Total	2,069 milliards d'euros	

* Chiffres issus des analyses de René Dosière.

** Calcul à partir des montants-plafonds des élus dans les conseils généraux.

*** Sites de l'Assemblée nationale et du Sénat.

8

Grades, échelons et primes

Nombre et nature des primes par ministère

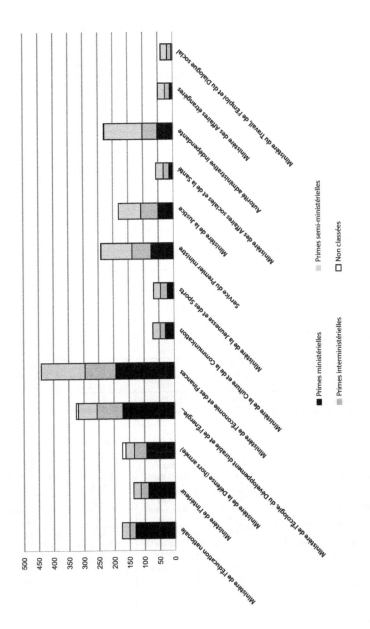

Tableau comparatif des primes pour deux employés du ministère des Finances (portrait-robot DGCP)

	Contrôleur des finances publiques (ex DGCP)		Inspecteur des finances publiques (ex DGCP)	
Catégorie	B		À	
Grade	1ʳᵉ classe		0	
Échelon	12		12	
IB	581		801	
IM	491		658	
Traitement brut mensuel	2 273,47		3 046,73	
Durée cumulée	30 ans		26 ans et 6 mois	
Lieu de résidence	Yvelines		Paris	
Traitement net mensuel	1 875,61		2 513,55	
Nombre d'enfants	2		3	
Remboursement du trajet entre domicile et travail dans la région parisienne	48,7 euros/mois		29,18 euros/mois	
Indemnité forfaitaire pour travaux supplémentaires (administrations centrales)	Brut : 180,11 euros/mois	Net : 150 euros/mois	Brut : 253,78 euros/mois	Net : 203,78 euros/mois
Indemnité mensuelle de technicité	Brut : 101,98 euros/mois	Net : 72,75 euros/mois	Brut : 101,98 euros/mois	Net : 72,75 euros/mois
Prime de rendement allouée aux personnels relevant de la DGCP	Brut : 324,78 euros/mois	Net : 299,25 euros/mois	Brut : 534,18 euros/mois	Net : 492,1 euros/mois
ACF	Brut : 37 euros/mois	Net : 33,72 euros/mois	Brut : 186 euros/mois	Net : 169,5 euros/mois
ACF harmonisation	Brut : 102 euros/mois	Net : 92,92 euros/mois	Brut : 122 euros/mois	Net : 111,14 euros/mois
Prime d'intéressement	Brut : 10 euros/mois	Net : 9,11 euros/mois	Brut : 10 euros/mois	Net : 9,11 euros/mois
Supplément familial de traitement	Brut : 78,87 euros/mois	Net : 71,88 euros/mois	Brut : 258,98 euros/mois	Net : 236,03 euros/mois
Rémunération finale	3 156,91 Brut	2 653,94 Net	4 542,83 Brut	3 807,96 Net
Gain des primes		778,33		1 294,40
en %		41,49		51,49

9

1 244 agences publiques

Bilan des variations d'effectifs en ETPT :
État et opérateurs (sous plafond)

	2008-2009	2009-2010	2010-2011	2011-2012	-2012-2013	2013-2014	2014-2015	Cumul
État	- 35 310	- 65 896	- 34 162	- 8 919	- 10 868	- 4 801	- 833	- 160 789
Opérateur	49 277	72 818	27 049	7 590	12 083	6 273	265	175 355
Dépassement	13 967	6 922	- 7 113	- 1 329	1 215	1 472	- 568	14 566

10

Le code du travail

Comparaison du nombre de réglementations des IRP[1]
dans le code du travail de 1985 et 2014

Année du code	1985	2014
Délégués du personnel	41	117
Comité d'entreprise	127	459
CHSCT	35	515
Total	203	1 181
Salariés protégés	3	87
Durée du travail, repos et congés	209	654

---

1. Instances représentatives du personnel.

259

11

Une profusion d'acteurs publics en charge des entreprises

Voilà la liste non exhaustive d'interlocuteurs potentiels pour une entreprise :

Au niveau de l'État
- préfectures de région ou de département ;
- les directions régionales ou départementales de l'emploi, du travail et de la formation professionnelle ;
- les directions régionales de l'industrie, de la recherche et de l'environnement ;
- et enfin les directions régionales du commerce et de l'artisanat ;
- Oséo ;
- Ademe ;
- Datar ;
- l'État assure aussi, en relation avec les collectivités territoriales, la mise en œuvre de la politique régionale européenne par le biais de la dotation de fonds structurels européens.

Au niveau des collectivités territoriales
- les communes, les départements et les régions peuvent accorder des aides directes et indirectes aux entreprises ; l'action économique peut également se poursuivre au travers des « pays » ;
- agence de développement économique et comités d'expansion économique ;

– sociétés de capital-investissement et sociétés de développement régional ;
– pépinières d'entreprises ; incubateurs.

Les organismes extérieurs
– les chambres consulaires ;
– les réseaux associatifs de proximité (France Initiative Réseau et ses plates-formes d'initiative locale, l'ADIE,...) ;
– sociétés de capital-risque, fonds d'investissement,...

12

Travail et absentéisme

Nombre de jours de congés ordinaires par pays

	Durée légale des congés payés (en jours)	Nombre de jours fériés	Total : jours minimum de congés ordinaires
France	30	11	41
Allemagne	24	9 à 14 selon le Land	33-38
Pologne	20 (26 après 10 ans de travail)	12	32-38
Espagne	22	14	36
Royaume-Uni	20 à 28	8	28 à 36*
Italie	20	12	32
Grèce	20	12	32
États-Unis	0**	8	8

* Selon l'employeur, au Royaume-Uni les jours fériés peuvent être inclus dans la durée légale des congés payés.

** 25 % des travailleurs, aux États-Unis, n'ont aucun congé payé (qui n'existe pas). En moyenne, les employeurs donnent 10 jours de congés payé à leurs salariés.

Nombre d'heures travaillées, par pays et par an, en milliards d'heures

Pays	2014	2013	2012	2011	2010	2009	2008	2007	2006	2005	2004	2003	2002	2001	2000
Allemagne	58,1	57,6	57,7	57,9	57,0	56,1	57,9	57,4	56,4	55,5	55,9	55,8	56,7	57,4	57,9
Espagne	30,6	30,4	31,4	32,8	33,5	34,3	36,5	36,2	35,3	34,1	33,0	32,1	32,1	30,3	29,2
France	40,3	40,2	40,3	40,4	40,1	39,9	40,9	40,5	39,5	39,7	39,6	38,8	38,9	39,7	39,3
Italie	42,3	42,5	43,3	44,0	44,0	44,2	45,8	45,9	45,2	44,3	44,2	43,9	43,5	43,1	42,6
Pologne	31,7	31,4	31,5	31,5	31,4	32,4	32,5	31,4	30,1	29,2	28,6	28,3	28,6	29,5	30,2
Royaume-Uni	51,3	49,9	49,0	47,9	47,7	47,5	48,5	48,7	48,3	48,1	47,1	47,0	46,9	47,0	46,6
Union européenne (27 pays)	369,1	365,8	368,1	370,7	369,7	371,6	382,9	380,2	373,0	367,6	364,2	361,2	361,7	364,8	364,0
États-Unis	256,9	252,2	249,7	245,1	241,6	242,2	256,3	259,1	257,0	252,4	249,0	246,1	246,7	249,3	253,3

Source : Base AMECO, series Total annual hours worked : total economy (NLHT).

13

Comparaison entre le personnel des régions et les entreprises privées : nombre de jours d'absence par an (en moyenne)

Absence en jours par agent dans les conseils régionaux (chiffres pour le privé)*

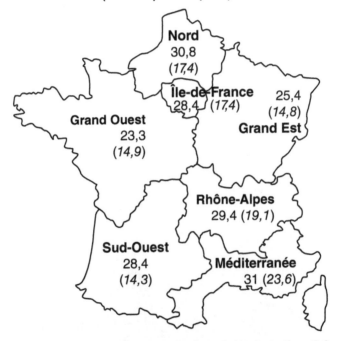

* Chiffres Alma consulting group pour les salariés du secteur privé (voir leur 6ᵉ baromètre de l'absentéisme).

Remerciements

Ma reconnaissance va toujours et encore à Bernard Zimmern ainsi qu'à Jean-Claude Rouzaud, Jacques de Trentinian, Denis Kessler et Olivier Allez.

Un grand merci à Alexandre Wickham pour sa confiance sans faille.

Ce livre doit aussi beaucoup aux encouragements, aux commentaires et aux critiques constructives de Manon Meistermann, Sandrine Gorreri, Bertrand Nouel, Samuel-Frédéric Servière, Philippe François, Pierrette François-Morin, Monique Olivet. Mes remerciements vont aussi à Thomas Fallou, Timothée Schnapper, Adrien Sieg et à toute l'équipe de la Fondation iFRAP.

Table

Composition Nord Compo
Impression : CPI Bussière en août 2015
Éditions Albin Michel
22, rue Huyghens, 75014 Paris
www.albin-michel.fr
ISBN : 978-2-226-31270-9
N° d'édition : 21296/11 – N° d'impression : 2017826
Dépôt légal : mars 2015
Imprimé en France